Helmut Zell

Projektmanagement.

100 Fragen und Antworten

zum Buch:

„Projektmanagement – lernen, lehren und für die Praxis", 2015

Die hier zusammengestellte Aufgabensammlung bezieht sich auf das oben genannte Lehr- und Lernbuch.

Die Gliederung der Fragen und Antworten folgt genau dessen Gliederung.

Im Teil A finden Sie die 100 Fragen   **Seite 1**

Im Teil B finden Sie die 100 Fragen mit den Antworten   **Seite 17**

Für eine Reihe von Antworten finden sich Verweise auf die betreffenden Stellen im Buch „Projektmanagement. – lernen, lehren und für die Praxis", 2015", was durch die Kurzangabe "Buch 2015" kenntlich gemacht ist.

Zum Üben und Lernen empfiehlt es sich, zuerst den Teil A mit den Aufgaben zu bearbeiten.

Books on Demand

© 2015 Helmut Zell

Herstellung und Verlag: BoD -Books on Demand, Norderstedt

August 2015

ISBN: 9783738637410

Bibliografische Information der Deutschen Nationalbibliothek
Die Deutsche Nationalbibliothek verzeichnet diese Publikation in der Deutschen Nationalbibliografie; detaillierte bibliografische Daten sind im Internet über http://dnb.d-nb.de abrufbar.

Teil A: Fragen

1. Einführung: Projekte und Projektmanagement

1.1. Die Aktualität von Projektmanagement 1
Projektmanagement wird wichtiger 1
Vorteile des Projektmanagements 1

1.2. Projekte und ihre Eigenschaften 1
Was ist ein Projekt? Definition 1
Interne und externe Projekte 1
Projektarten 1
Fehler im Projektmanagement 1

1.3. Projektmanagement. Definition und Aufgabe 2
Definition 2
Wer macht das Projektmanagement? 2

2. Der Projektstart

2.1. Der Projektstart legt das Fundament 2
Warum eine Projektvorbereitungsphase? 2
Was gehört zu einer guten Projektvorbereitung? 2

2.2. Projektziele klären 2
Das magische Dreieck 2
Lasten- und Pflichtenheft 2
Ziele klären 2

2.3. Projektphasen festlegen. Die Grobplanung 3
Phasenkonzepte 3
Projektphasen - Beispiele 3

2.4. Projektorganisation 3
Projektorganisation ist eine Art von Organisation 3
Grundformen der Projektorganisation 3
Vor- und Nachteile der drei Grundformen 3
Projektbeteiligte und ihre Aufgaben 3
Welche Aufgaben hat der Auftraggeber im Projekt? 3
Einsatz von externem Personal 4

2.5. Projektleiter und Team 4
Projektleiter. Aufgaben 4
Projektleiter. Die zwei Arten von Kompetenz 4

2.6. Umfeld- / Stakeholder-Analyse	4
Was sind Stakeholder?	4
Stakeholder-Analyse	4
Maßnahmen in Bezug auf die Stakeholder	4
2.7. Risikomanagement	4
Vier Schritte des Risikomanagements	4
Risikobewertung	4
2.8. Projektkommunikation	5
Kommunikationskanäle	5
Interne Kommunikation	5
Regeln für den Umgang mit Informationen	5
2.9. Der Projektstart-Workshop (PSW)	5
Zweck des Projektstart-Workshops	5
2.10. Das Kickoff-Meeting: Der offizielle Start	5
Zweck des Kickoffs	5
3. Projektplanung	
3.1. Projektstrukturplan (PSP) und Arbeitspakete (AP)	6
Schritte der Projektplanung	6
Zweck des PSP	6
Projektstrukturplan. Gliederungskriterien	6
Arbeitspakete	6
3.2. Ablaufplanung	6
Aufgabe eines Ablaufplans	6
Ablaufplan. Darstellungsarten	6
3.3. Zeit- und Terminplanung	6
Techniken der Terminplanung	6
Vorgänge	6
Gantt-Diagramm	7
Was ist ein Ereignis?	7
Netzplantechnik-Konzepte	7
Gantt-Diagramm und Netzplan	7
Vorwärts- und Rückwärtsrechnung	7
Zeitpunkte und -dauern	7
FEZ berechnen	7
FEZ und FAZ des Nachfolgers	7
SAZ und SEZ ermitteln	7
Industriekalender	7

Freie Pufferzeit	8
Gesamtpufferzeit	8
Kritischer Pfad	8

3.4. Ressourcenplanung 8
   Ressourcenplanung für ein fünfköpfiges Team 8
   Einsatzmittel 8

3.5. Kostenplanung 8
   Voraussetzungen für die Kostenplanung 8
   Kostenarten 8

3.6. Finanz- und Budgetplanung 8
   Finanzplanung 8
   Zweck der Finanzplanung 9

3.7. Schätzmethoden 9
   Voraussetzungen für gute Schätzungen 9
   Schätzungen verbessern 9
   Vergleichsmethode 9
   Kennzahlenmethode 9
   Schätzklausur 9

4. Durchführung und Projektcontrolling

4.1. Aufgaben in der Durchführungsphase 9
   Was ist Projektcontrolling? 9
   Aufgaben des Projektleiters beim Controlling 10

4.2. Projektcontrolling vorbereiten 10
   Kritische Arbeitspakete 10
   Bringschuld und Holschuld 10

4.3. Projektsteuerungszyklus 10
   Steuerungszyklus 10
   Plantreue und Wirtschaftlichkeit 10
   Soll-Ist-Vergleich 10
   Ist-Werte erfassen 10

4.4. Terminkontrolle 10
   Termine überwachen 10
   Meilenstein-Trendanalyse 11

4.5. Kostenkontrolle 11
   Ist-Kosten eines Projekts 11
   Personalkosten zurechnen 11

4.6. Leistungskontrolle 11

Kostenüberschreitung	11
Das „90%-Syndrom"	11
Wichtige Angaben zu den Arbeitspaketen	11
Kostenverlauf. Beispiel 1	11
Kostenverlauf. Beispiel 2	12
Kostenverlaufs-Diagramme	12
4.7. Ursachenanalyse	12
Ursachen für Abweichungen	12
Das Ishikawa-Diagramm	13
4.8. Steuerungsmaßnahmen	13
Maßnahmen	13
Kostenüberschreitungen. Wie reagieren?	13
4.9. Revision der Planung	13
Revision	13
Wer ist bei der Revision einzuschalten?	13
4.10. Projektdokumentation	13
Zwecke der Projektdokumentation	13
Projektdokumentation und Projekthandbuch	13
Projektmanagement-Handbuch	14
4.11. Projektberichte	14
Berichtswesen und Dokumentation	14
Berichtsarten	14
Berichte und Auftraggeber	14
5. Projektabschluss	
5.1. Der Projektabschluss wird oft vernachlässigt	14
Projektabschluss	14
5.2. Aufgaben für den Projektabschluss	14
Aufgaben in der Phase	14
Projektabnahme	14
5.3. Projektabschlusssitzung	15
Warum eine Abschlusssitzung?	15
5.4. Abschlussfeier	15
Warum eine Abschlussfeier?	15

1. Einführung: Projekte und Projektmanagement

1.1. Die Aktualität von Projektmanagement

Projektmanagement wird wichtiger

Bitte erläutern Sie, warum in den letzten Jahrzehnten Projektmanagement so stark an Bedeutung gewonnen hat.

Vorteile des Projektmanagements

Grundsätzlich lassen sich Projekte auch ohne Projektmanagement-Kenntnisse durchführen. Allerdings ergeben sich durch ein kompetentes Projektmanagement Vorteile. Bitte erläutern Sie diese Vorteile.

1.2. Projekte und ihre Eigenschaften

Was ist ein Projekt? Definition

Bitte erläutern Sie, wie Projekte definiert sind und welche weiteren Eigenschaften sie charakterisieren.

Interne und externe Projekte

Erläutern Sie den Unterschied zwischen einem internen und einem externen Projekt. Und geben sie jeweils einige Beispiele.

Projektarten

Nennen Sie bitte einige Projektarten und geben Sie jeweils einige Beispiele an.

Fehler im Projektmanagement

a) Welche Fehler können im Projektmanagement gemacht werden? Denken Sie dabei an spezifische Fehlermöglichkeiten in den einzelnen Phasen.

b) Welche Konsequenzen können diese Fehler für den Projekterfolg haben?

1.3. Projektmanagement. Definition und Aufgabe

Definition

Wie ist der Begriff „Projektmanagement" definiert?

Wer macht das Projektmanagement?

Wer macht in einem Unternehmen „Projektmanagement"? Bitte nennen Sie die Personen, die am Management eines Projektes beteiligt sein können.

2. Der Projektstart

2.1. Der Projektstart legt das Fundament

Warum eine Projektvorbereitungsphase?
Warum ist eine gute Vorbereitung des Projekts so wichtig?

Was gehört zu einer guten Projektvorbereitung?
Welche Aufgaben gehören zu einer guten Projektvorbereitung?

2.2. Projektziele klären

Das magische Dreieck
Was ist gemeint mit dem magischen Dreieck?

Lasten- und Pflichtenheft
Was versteht man unter und wodurch unterscheiden sich Lastenheft und Pflichtenheft? Wann werden diese Dokumente normalerweise erstellt?

Ziele klären
Klare und einheitlich verstandene Projektziele sind wichtig für den Projekterfolg. Bitte stellen Sie dar, in welcher Weise und mit welchen Methoden ein Projektleiter dafür zu sorgen hat, dass die Projektziele eine gute Grundlage für die weitere Planung und Durchführung bilden.

2.3. Projektphasen festlegen. Die Grobplanung

Phasenkonzepte

In Projekten werden unterschiedliche Phasenkonzepte eingesetzt. Erläutern Sie ein allgemeines Phasenkonzept.

Projektphasen - Beispiele

Bitte skizzieren Sie ein Phasenkonzept für ein Softwareentwicklungs- und ein Bauprojekt.

2.4. Projektorganisation

Projektorganisation ist eine Art von Organisation

Erläutern Sie anhand von zwei Eigenschaften, worin sich die Projektorganisation von der Unternehmensorganisation unterscheidet.

Grundformen der Projektorganisation

Welche drei Grundformen der Projektorganisation lassen sich unterscheiden?

Vor- und Nachteile der drei Grundformen

a) Bitte benennen und erläutern Sie einige Vorteile und einige Nachteile der 3 Grundformen.

b) Lässt sich sagen, dass eine dieser Formen grundsätzlich den anderen Formen vorzuziehen ist? Von welchen Bedingungen ist die Eignung jeweils abhängig?

Projektbeteiligte und ihre Aufgaben

Bitte benennen Sie vier Arten von Projektbeteiligten und skizzieren Sie ihre jeweiligen Aufgaben.

Welche Aufgaben hat der Auftraggeber im Projekt?

Im Zuge des Reorganisationsprojekts bei einem Unternehmen sind die Aufgaben des Auftraggebers gegenüber dem beauftragten Beratungsunternehmen zu definieren. Nennen und erläutern Sie in Stichpunkten vier Hauptaufgaben des Auftraggebers im Projekt.

Einsatz von externem Personal

Bei Projekten wird häufig der Einsatz externen Personals erwogen. Erörtern Sie die Vorteile von eigenem und fremdem Personal in Projekten.

2.5. Projektleiter und Team

Projektleiter. Aufgaben

Welche Aufgaben hat üblicherweise der Projektleiter? Nennen und beschreiben Sie mindestens fünf.

Projektleiter. Die zwei Arten von Kompetenz

Der Projektleiter sollte über Kompetenz in zweifacher Weise verfügen; nämlich Kompetenz im Sinne von Befugnissen und im Sinne von Fähigkeiten. Bitte erläutern Sie, was damit gemeint ist.

2.6. Umfeld- / Stakeholder-Analyse

Was sind Stakeholder?

Was sind Stakeholder bei einem Projekt?

Stakeholder-Analyse

Welche Kernfragen muss eine Stakeholder-Analyse beantworten?

Maßnahmen in Bezug auf die Stakeholder

Nennen Sie einige Maßnahmen, mit denen die Widerstände von Stakeholdern gemindert und potenzielle Unterstützer aktiviert werden könnten.

2.7. Risikomanagement

Vier Schritte des Risikomanagements

Bitte nennen und erläutern Sie die 4 Schritte des Risikomanagements.

Risikobewertung

Im Rahmen einer Besprechung zum Risikomanagement wird Risiko A eingeschätzt mit Eintrittswahrscheinlichkeit 10% und Schadensausmaß

50.000 €; Risiko B mit einer Eintrittswahrscheinlichkeit von 5% und einem Schadensausmaß von 200.000 €. Um welches Risiko sollte man sich bevorzugt kümmern?

2.8. Projektkommunikation

Kommunikationskanäle

In einem vierköpfigen Team gibt es mathematisch gesehen 6 Kommunikationsbeziehungen. Wenn nun ein neues Projektmitglied dazu kommt, erhöht sich die Zahl der Kommunikationsbeziehungen. Auf wie viel?

Interne Kommunikation

Bitte nennen Sie typische Formen der projektinternen Kommunikation.

Regeln für den Umgang mit Informationen

Welche Regeln sollten für den Umgang mit Informationen diskutiert und festgelegt werden?

2.9. Der Projektstart-Workshop (PSW)

Zweck des Projektstart-Workshops

Welche Zwecke werden mit dem Projektstart-Workshop verfolgt?

2.10. Das Kickoff-Meeting: Der offizielle Start

Zweck des Kickoffs

Welche Zwecke werden mit dem Kickoff-Meeting verfolgt?

3. Projektplanung

3.1. Projektstrukturplan (PSP) und Arbeitspakete (AP)

Schritte der Projektplanung
Welche Schritte der Projektplanung lassen sich unterscheiden?

Zweck des PSP
Worin besteht der Zweck eines Projektstrukturplans? Was ist im Einzelnen bei der Erstellung eines PSP zu tun?

Projektstrukturplan. Gliederungskriterien
Nach welchen Kriterien können Projektstrukturpläne gegliedert werden?

Arbeitspakete
Was versteht man unter einem Arbeitspaket?

3.2. Ablaufplanung

Aufgabe eines Ablaufplans
Welches ist die wichtigste Aufgabe eines Ablaufplans?

Ablaufplan. Darstellungsarten
Wie lässt sich der Ablaufplan darstellen?

3.3. Zeit- und Terminplanung

Techniken der Terminplanung
Welche Möglichkeiten oder Techniken gibt es für die Terminplanung?

Vorgänge
Was wird unter einem Vorgang verstanden? Welche Typen von Vorgängen kennen Sie?

Gantt-Diagramm

Was verstehen Sie unter einem Gantt-Diagramm?

Was ist ein Ereignis?

Was verstehen Sie unter einem Ereignis und in welchem Zusammenhang stehen sie zu Vorgängen?

Netzplantechnik-Konzepte

Welche drei Methoden der Netzplantechnik gibt es? Welche sind für die Praxis von Bedeutung?

Gantt-Diagramm und Netzplan

Was ist ein Gantt-Diagramm? Welche Unterschiede bestehen gegenüber einem Netzplan?

Vorwärts- und Rückwärtsrechnung

Was ist bei der Netzplantechnik mit Vorwärts-, was mit Rückwärtsrechnung gemeint?

Zeitpunkte und -dauern

Warum ist es wichtig, zwischen Zeitpunkten und Zeitdauern zu unterscheiden?

FEZ berechnen

Als Dauer wird die Zeitspanne vom Anfang bis zum Ende eines Vorgangs bezeichnet. Wie lässt sich aus einem frühesten Anfangszeitpunkt und gegebener Vorgangsdauer der früheste Endzeitpunkt ermitteln?

FEZ und FAZ des Nachfolgers

Welche Bedeutung hat der früheste Endzeitpunkt (FEZ) eines Vorgangs auf den Beginn eines Nachfolgers (FAZ)?

SAZ und SEZ ermitteln

Wie werden die spätesten Endtermine (SEZ) bzw. Anfangstermine (SAZ) eines Vorgangs ermittelt?

Industriekalender

Welche Funktion hat der Industriekalender?

Freie Pufferzeit

Was wird aus einer freien Pufferzeit verstanden?

Gesamtpufferzeit

Was verstehen Sie unter einer Gesamtpufferzeit und wie ist sie zu ermitteln?

Kritischer Pfad

Was ist ein kritischer Weg oder ein kritischer Pfad?

3.4. Ressourcenplanung

Ressourcenplanung für ein fünfköpfiges Team

In einem interdisziplinär besetzten 5-köpfigen Team wurde ein Ressourcenbedarf von genau 150 Personentagen für das Projekt ermittelt. Rein rechnerisch ergibt sich daraus eine Projektdauer von 30 Tagen. Bitte erläutern Sie, warum das Projekt voraussichtlich länger dauern wird und deshalb eine längere Projektdauer eingeplant werden muss.

Einsatzmittel

Welche Ressourcen- oder Einsatzmittelarten lassen sich unterscheiden?

3.5. Kostenplanung

Voraussetzungen für die Kostenplanung

Welche Angaben benötigen Sie, um die Projektkosten kalkulieren zu können?

Kostenarten

Was ist eine gängige Gliederung der Projektkosten nach Kostenarten?

3.6. Finanz- und Budgetplanung

Finanzplanung

Welche Aufgabe hat die Finanzplanung?

Zweck der Finanzplanung

Bitte erläutern Sie, warum man zusätzlich zur Kostenplanung noch eine Finanzplanung in Projekten benötigt.

3.7. Schätzmethoden

Voraussetzungen für gute Schätzungen

Bitte erläutern Sie, welche Voraussetzungen gegeben sein müssen bzw. herzustellen sind, damit bei der Projektplanung verlässliche Schätzungen möglich sind?

Schätzungen verbessern

Projektleiter Maier hat die Projektplanung gemacht und dabei die Ressourcen, Kosten und die Termine allein geschätzt. Wie kann er die Qualität seiner Schätzung erhöhen?

Vergleichsmethode

Was versteht man unter der Vergleichsmethode bei der Projektplanung?

Kennzahlenmethode

Was versteht man unter Kennzahlenmethode bei der Projektplanung?

Schätzklausur

Beschreiben Sie bitte stichwortartig die Methode der Schätzklausur (Delphi-Methode).

4. Durchführung und Projektcontrolling

4.1. Aufgaben in der Durchführungsphase

Was ist Projektcontrolling?

Was ist Projektcontrolling und welche Aufgaben umfasst es?

Aufgaben des Projektleiters beim Controlling

Beschreiben Sie anhand von Beispielen die Tätigkeiten eines Projektleiters im Rahmen des Projektcontrollings.

4.2. Projektcontrolling vorbereiten

Kritische Arbeitspakete

Welche Arbeitspakete sollten in der Durchführungsphase sehr genau im Auge behalten werden?

Bringschuld und Holschuld

Was verstehen Sie unter Bringschuld und Holschuld bei Rückmeldungen?

4.3. Projektsteuerungszyklus

Steuerungszyklus

Nennen Sie die 5 Schritte des Projektsteuerungszyklus.

Plantreue und Wirtschaftlichkeit

Wie ist es denkbar, dass ein Projekt nicht in der wirtschaftlichsten Weise durchgeführt wurde, obgleich Kosten und Termine sowie Leistungserbringung eingehalten wurden?

Soll-Ist-Vergleich

Was ist ein Soll-Ist-Vergleich?

Ist-Werte erfassen

Die Aussagekraft der Vergleiche hängt weitgehend von der korrekten Erfassung der Ist-Werte ab. Welche Probleme können bei der Ermittlung der Ist-Werte auftreten?

4.4. Terminkontrolle

Termine überwachen

Bitte nennen Sie einige Methoden zur Überwachung von Terminen.

Meilenstein-Trendanalyse

Bitte nennen Sie die wesentlichen Schritte für eine Meilenstein-Trendanalyse.

4.5. Kostenkontrolle

Ist-Kosten eines Projekts

Die Kostensituation eines Projekts zu erfassen ist nicht immer einfach. Bitte nennen Sie einige der Gründe, die dafür verantwortlich sind.

Personalkosten zurechnen

Welche Schwierigkeiten können sich bei der Zurechnung von Personalkosten auf das Projektbudget ergeben?

4.6. Leistungskontrolle

Kostenüberschreitung

Welche Gründe kann eine Kostenüberschreitung haben? Ist Kostenüberschreitung immer Grund zur Besorgnis?

Das „90%-Syndrom"

Ein Mitarbeiter berichtet, dass der Vorgang, an dem er arbeitet, zu 90% abgeschlossen ist. Was lässt sich daraus schließen?

Wichtige Angaben zu den Arbeitspaketen

Als Projektleiter, der auch das Controlling macht, benötigen Sie für möglichst realistische Schätzungen Informationen von den jeweiligen Arbeitspaketverantwortlichen. Welche Informationen benötigen Sie im Einzelnen?

Kostenverlauf. Beispiel 1

Interpretieren Sie das folgende Diagramm in Bezug auf den Stichtag 15. Dez. 2009. Welche Ursachen können für die Abweichung vorliegen?

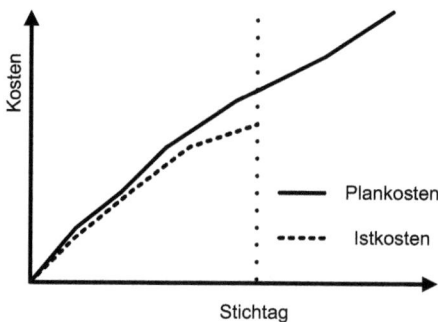

Kostenverlauf. Beispiel 2

Interpretieren Sie das folgende Diagramm in Bezug auf den Stichtag 15. Dez. 2009. Welche Ursachen können für die Abweichung vorliegen?

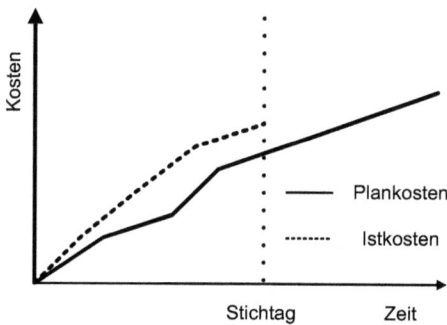

Kostenverlaufs-Diagramme

Zu welchen Fehlschlüssen könnten Kostenverlaufs-Diagramme verleiten?

4.7. Ursachenanalyse

Ursachen für Abweichungen

Im Projektablauf können Abweichungen von den Sollvorgaben auftreten. Sie können auf unterschiedliche Kategorien von Ursachen zurückzuführen sein. Nennen Sie drei derartige Kategorien und geben sie jeweils einige Beispiele.

Das Ishikawa-Diagramm

Das Ursache-Wirkungsdiagramm wird nach ihrem Erfinder auch Ishikawa-Diagramm bezeichnet. In Form einer Fischgräte lassen sich Problemursachen graphisch strukturieren, in Haupt- und Nebenursachen zerlegen und übersichtlich darstellen. Es ist auch ein Hilfsmittel für die Ursachenanalyse für das Projekt-Controlling. Nennen Sie beispielhaft Kategorien für Fehlerursachen, die für Projekte bedeutsam sind.

4.8. Steuerungsmaßnahmen

Maßnahmen

Nehmen wir an, das Projekt sei im Zeitverzug. Welche Maßnahmen könnte der Projektleiter anordnen, um das Projekt zu beschleunigen?

Kostenüberschreitungen. Wie reagieren?

Wie könnte auf absehbare Kostenüberschreitungen reagiert werden?

4.9. Revision der Planung

Revision

Wann muss ein Projektleiter seine Projektplanung revidieren?

Wer ist bei der Revision einzuschalten?

Wenn ein Projektleiter erkennt, dass seine Projektplanung revidiert werden muss, wen sollte er unterrichten?

4.10. Projektdokumentation

Zwecke der Projektdokumentation

Nennen Sie Argumente für die Notwendigkeit einer guten Projektdokumentation.

Projektdokumentation und Projekthandbuch

Worin liegt der Unterschied zwischen Projektmanagement-Handbuch, Projekt-Handbuch und Projektdokumentation?

Projektmanagement-Handbuch

Beschreiben Sie den Zweck des Projektmanagement-Handbuchs. Geben Sie Beispiele für seinen Inhalt.

4.11. Projektberichte

Berichtswesen und Dokumentation

Was verstehen Sie unter Berichtswesen, was unter Dokumentation?

Berichtsarten

Es gibt drei wichtige Berichtsarten. Zu welchem Anlass und zu welchem Zweck werden sie erstellt?

Berichte und Auftraggeber

Auf welche Weise kann ein Projektleiter sein Berichtswesen im Hinblick auf die Kommunikation mit dem Auftraggeber des Projektes gut gestalten.

5. Projektabschluss

5.1. Der Projektabschluss wird oft vernachlässigt

Projektabschluss

Ein Projekt sollte mit einer Projektabschlussphase abgeschlossen werden. Warum?

5.2. Aufgaben für den Projektabschluss

Aufgaben in der Phase

Welche Aufgaben sind in der Projektabschlussphase zu erledigen?

Projektabnahme

Bitte skizzieren Sie, was im Einzelnen bei der Abnahme zu tun ist.

5.3. Projektabschlusssitzung

Warum eine Abschlusssitzung?
Was sollten Inhalte der Projektabschlusssitzung sein?

5.4. Abschlussfeier

Warum eine Abschlussfeier?
Welchen Zweck hat eine Abschlussfeier?

Teil B: Fragen und Antworten

1. Einführung: Projekte und Projektmanagement

1.1. Die Aktualität von Projektmanagement — 21
Projektmanagement wird wichtiger — 21
Vorteile des Projektmanagements — 21

1.2. Projekte und ihre Eigenschaften — 22
Was ist ein Projekt? Definition — 22
Interne und externe Projekte — 22
Projektarten — 22
Fehler im Projektmanagement — 23

1.3. Projektmanagement. Definition und Aufgabe — 24
Definition — 24
Wer macht das Projektmanagement? — 24

2. Der Projektstart

2.1. Der Projektstart legt das Fundament — 25
Warum eine Projektvorbereitungsphase? — 25
Was gehört zu einer guten Projektvorbereitung? — 25

2.2. Projektziele klären — 25
Das magische Dreieck — 25
Lasten- und Pflichtenheft — 26
Ziele klären — 26

2.3. Projektphasen festlegen. Die Grobplanung — 27
Phasenkonzepte — 27
Projektphasen - Beispiele — 27

2.4. Projektorganisation — 28
Projektorganisation ist eine Art von Organisation — 28
Grundformen der Projektorganisation — 28
Vor- und Nachteile der drei Grundformen — 29
Projektbeteiligte und ihre Aufgaben — 30
Welche Aufgaben hat der Auftraggeber im Projekt? — 30
Einsatz von externem Personal — 31

2.5. Projektleiter und Team — 31
Projektleiter. Aufgaben — 31
Projektleiter. Die zwei Arten von Kompetenz — 32

2.6. Umfeld- / Stakeholder-Analyse 32
    Was sind Stakeholder? 32
    Stakeholder-Analyse 32
    Maßnahmen in Bezug auf die Stakeholder 33
2.7. Risikomanagement 33
    Vier Schritte des Risikomanagements 33
    Risikobewertung 34
2.8. Projektkommunikation 34
    Kommunikationskanäle 34
    Interne Kommunikation 34
    Regeln für den Umgang mit Informationen 35
2.9. Der Projektstart-Workshop (PSW) 35
    Zweck des Projektstart-Workshops 35
2.10. Das Kickoff-Meeting: Der offizielle Start 35
    Zweck des Kickoffs 35

3. Projektplanung

3.1. Projektstrukturplan (PSP) und Arbeitspakete (AP) 37
    Schritte der Projektplanung 37
    Zweck des PSP 37
    Projektstrukturplan. Gliederungskriterien 38
    Arbeitspakete 38
3.2. Ablaufplanung 38
    Aufgabe eines Ablaufplans 38
    Ablaufplan. Darstellungsarten 39
3.3. Zeit- und Terminplanung 39
    Techniken der Terminplanung 39
    Vorgänge 39
    Was ist ein Ereignis? 40
    Netzplantechnik-Konzepte 40
    Gantt-Diagramm 40
    Balkendiagramm, vernetzt 41
    Vorwärts- und Rückwärtsrechnung 41
    Zeitpunkte und -dauern 42
    FEZ berechnen 42
    FEZ und FAZ des Nachfolgers 43
    SAZ und SEZ ermitteln 43
    Industriekalender 44

Freie Pufferzeit	44
Gesamtpufferzeit	45
Kritischer Pfad	45
3.4. Ressourcenplanung	45
Ressourcenplanung für ein fünfköpfiges Team	45
Einsatzmittel	46
3.5. Kostenplanung	46
Voraussetzungen für die Kostenplanung	46
Kostenarten	46
3.6. Finanz- und Budgetplanung	47
Finanzplanung	47
Zweck der Finanzplanung	47
3.7. Schätzmethoden	47
Voraussetzungen für gute Schätzungen	47
Schätzungen verbessern	48
Vergleichsmethode	48
Kennzahlenmethode	48
Schätzklausur	49
4. Durchführung und Projektcontrolling	
4.1. Aufgaben in der Durchführungsphase	50
Was ist Projektcontrolling?	50
Aufgaben des Projektleiters beim Controlling	50
4.2. Projektcontrolling vorbereiten	51
Kritische Arbeitspakete	51
Bringschuld und Holschuld	51
4.3. Projektsteuerungszyklus	51
Steuerungszyklus	51
Plantreue und Wirtschaftlichkeit	52
Soll-Ist-Vergleich	52
Ist-Werte erfassen	52
4.4. Terminkontrolle	53
Termine überwachen	53
Meilenstein-Trendanalyse	53
4.5. Kostenkontrolle	53
Ist-Kosten eines Projekts	53
Personalkosten zurechnen	54
4.6. Leistungskontrolle	54

Kostenüberschreitung	54
Das „90%-Syndrom"	55
Wichtige Angaben zu den Arbeitspaketen	55
Kostenverlauf. Beispiel 1	55
Kostenverlauf. Beispiel 2	56
Kostenverlaufs-Diagramme	56
4.7. Ursachenanalyse	57
Ursachen für Abweichungen	57
Das Ishikawa-Diagramm	57
4.8. Steuerungsmaßnahmen	58
Maßnahmen	58
Kostenüberschreitungen. Wie reagieren?	58
4.9. Revision der Planung	58
Revision	58
Wer ist bei der Revision einzuschalten?	59
4.10. Projektdokumentation	59
Zwecke der Projektdokumentation	59
Projektdokumentation und Projekthandbuch	59
Projektmanagement-Handbuch	60
4.11. Projektberichte	60
Berichtswesen und Dokumentation	60
Berichtsarten	61
Berichte und Auftraggeber	61
5. Projektabschluss	
5.1. Der Projektabschluss wird oft vernachlässigt	62
Projektabschluss	62
5.2. Aufgaben für den Projektabschluss	62
Aufgaben in der Phase	62
Projektabnahme	63
5.3. Projektabschlusssitzung	63
Warum eine Abschlusssitzung?	63
5.4. Abschlussfeier	63
Warum eine Abschlussfeier?	63

1. Einführung: Projekte und Projektmanagement

1.1. Die Aktualität von Projektmanagement

Projektmanagement wird wichtiger

Bitte erläutern Sie, warum in den letzten Jahrzehnten Projektmanagement so stark an Bedeutung gewonnen hat.

Antwort

Die wachsende Bedeutung von Projektmanagement zeigt sich beispielsweise in der großen Zahl an Büchern, Publikationen, Seminaren und Konferenzen. Gründe dafür sind ein wachsender nationaler und internationaler Wettbewerbsdruck, dem Unternehmen ausgesetzt sind. Damit einher gehen steigende Ansprüche der Kunden. Kürzere Produktlebenszyklen führen zwangsläufig zu einer steigenden Zahl an Produktentwicklungen, die im Rahmen von Projekten durchgeführt werden. Mit der Verbreitung moderner Computer- und Kommunikationstechnologien werden zahlreiche Projekte notwendig (Softwareentwicklung, Schulungen, Softwareeinführung, Migration, etc.). Technologische und politische Veränderungen erfordern von den Unternehmen organisatorische Anpassungen, was zahlreiche Reorganisationsprojekte zur Folge hat.

(siehe: Buch 2015, Seite 2)

Vorteile des Projektmanagements

Grundsätzlich lassen sich Projekte auch ohne Projektmanagement-Kenntnisse durchführen. Allerdings ergeben sich durch ein kompetentes Projektmanagement Vorteile. Bitte erläutern Sie diese Vorteile.

Antwort

Auch vor dem Aufkommen des Projektmanagements als einer systematischen Managementmethode wurden Projekte durchgeführt. Allerdings zeigt sich, dass durch den Einsatz des professionellen Projektmanagements Projekte zu besseren Ergebnissen, geringeren Kosten, kürzeren Bearbeitungszeiten durchgeführt werden können. Kompetentes Projektmanagement steigert die Kundenzufriedenheit und verbessert die Mitarbeiterzufriedenheit. Durch die bessere Systematik lassen sich auch erhebliche Lerneffekte realisieren. Allgemein gesagt lassen sich durch den Einsatz der Projektmanagementmethoden und –instrumente sowohl eine höhere Effektivität als auch höhere Effizienz erreichen.

(siehe: Buch 2015, Seite 3)

1.2. Projekte und ihre Eigenschaften

Was ist ein Projekt? Definition

Bitte erläutern Sie, wie Projekte definiert sind und welche weiteren Eigenschaften sie charakterisieren.

Antwort

Definition von „Projekt" nach DIN 69901: „Vorhaben, das im Wesentlichen durch Einmaligkeit der Bedingungen in ihrer Gesamtheit gekennzeichnet ist, wie z.b. Zielvorgabe, zeitliche, personelle oder andere Begrenzungen, Abgrenzungen gegenüber anderen Vorhaben und eine projektspezifische Organisation."

Zusätzliche Eigenschaften: Projekte sind meist auch komplex, sind mit Risiken behaftet und erfordern eine interdisziplinäre Bearbeitung in Teamarbeit. Sie sind zeitlich begrenzt, d.h. sie haben einen Anfang und ein Ende. Sie sind für die Beteiligten immer in einer gewissen Hinsicht neuartig. Es existiert eine spezifische Zielsetzung. Sie erfordern eine eigene, häufig abteilungsübergreifende Organisation.

(siehe: Buch 2015, Seite 3f)

Interne und externe Projekte

Erläutern Sie den Unterschied zwischen einem internen und einem externen Projekt. Und geben sie jeweils einige Beispiele.

Antwort

Interne Projekte werden für unternehmensinterne Zwecke durchgeführt. Sie sollen einen Nutzen haben, führen aber nicht unmittelbar zu monetären Einnahmen. Beispiele: Betriebsverlagerung, Einführung neuer Produktionsverfahren oder eines neuen Produkts, Reorganisation.

Externe Projekte werden im Auftrag für einen externen Kunden durchgeführt. Sie führen in der Regel direkt zu Einnahmen. Beispiele: Kundenaufträge je nach Branche. Architekturbüro wickelt Bauprojekt ab. Unternehmensberater konzeptioniert Reorganisation eines Unternehmensteils.

Projektarten

Nennen Sie bitte einige Projektarten und geben Sie jeweils einige Beispiele an.

Antwort

- Investitionsprojekte. Beispiele: neues Gebäude, neue Fertigungsanlage
- F+E Projekte. Beispiele: Entwicklung eines neues Produkts für Kunden. Konzeption und Bau einer Fertigungsstraße

- Software-Entwicklung. Beispiele: Entwicklung eines maßgeschneiderten CRM (Custom Relation Management) Systems in einem Unternehmen; Entwicklung eines App für Smartphones
- Organisationsprojekte. Beispiele: Einführung eines QM-Systems, ein Projekt zum Business Process Reengineering, Kooperation mit anderem Unternehmen

Fehler im Projektmanagement

a) Welche Fehler können im Projektmanagement gemacht werden? Denken Sie dabei an spezifische Fehlermöglichkeiten in den einzelnen Phasen.

b) Welche Konsequenzen können diese Fehler für den Projekterfolg haben?

Antwort

zu a) Es bietet sich an, die möglichen Fehler entsprechend den Projektphasen zu gliedern:

In der Vorbereitungsphase: Ungenügende Analyse der Ausgangssituation, unklare Projektziele, unzureichende Suche nach der besten Lösung, abgeschlossene Projekte werden nicht richtig ausgewertet („lessons learned"), Stakeholder nicht berücksichtigt, Risiken unterschätzt.

In der Planungsphase: Fehlerhafte Planung, unklare Projektverantwortlichkeiten, fehlende Projektstrukturierung, Mitarbeiter haben die falsche oder unzureichende Qualifikation, unrealistisch optimistische Zeit- und Aufwandsschätzungen, Kapazitäten falsch eingeschätzt.

In der Durchführung: unzureichendes oder fehlendes Projektcontrolling; schlechte Dokumentation, unzureichendes Konfliktmanagement, mangelnde Abstimmung mit Auftraggeber, teaminterne Konflikte.

In der Abschlussphase: Unzureichende Auswertung der gemachten Erfahrungen, fehlende oder mangelnde Nachkalkulation. Es wird kein Abschlussbericht erstellt. Fehler bei der Übergabe des Ergebnisses an den Auftraggeber.

zu b) Fehlerkonsequenzen

Diese Fehler können zahlreiche negative Folgen haben. Beispielsweise:

- das Projektergebnis ist nicht brauchbar (nicht funktionsfähig, zu teuer, usw.)
- Stakeholder leisten Widerstand,
- Kosten- und Terminüberschreitungen,
- Verluste oder niedriger Gewinn,
- Konflikte und schlechte Arbeitsatmosphäre, Motivationsdefizite,
- Kunde ist unzufrieden oder nimmt gar das Ergebnis nicht ab,
- Scheitern und Abbruch des Projekts.

1.3. Projektmanagement. Definition und Aufgabe

Definition

Wie ist der Begriff „Projektmanagement" definiert?

Antwort

Projektmanagement ist nach DIN 69901 (1987) "die Gesamtheit von Führungsaufgaben, -organisation, -techniken und -mittel für die Abwicklung eines Projekts".

Zusatzinformationen:

Die DIN 69901-5 (2009) definiert Projektmanagement als "Gesamtheit von Führungsaufgaben, -organisation, -techniken und -mitteln für die Initiierung, Definition, Planung, Steuerung und den Abschluss von Projekten."

Auch das Standardwerk der GPM Kompetenzorientiertes Projektmanagement (PM3) verwendet diese Definition.

Project Management Institute (PMI) definiert: „Projektmanagement ist die Anwendung von Wissen, Fertigkeiten, Werkzeugen und Methoden auf Projektvorgänge, um die Projektanforderungen zu erfüllen. Projektmanagement wird durch die Anwendung und Integration der Projektmanagementprozesse Initiierung, Planung, Ausführung, Überwachung und Steuerung, sowie Abschluss erreicht. (A Guide to the PMBOK, Deutsche Ausgabe 2004, Seite 8)

Wer macht das Projektmanagement?

Wer macht in einem Unternehmen „Projektmanagement"? Bitte nennen Sie die Personen, die am Management eines Projektes beteiligt sein können.

Antwort

Die maßgebliche Rolle spielt der Projektleiter, der für die Dauer des Projektes mit dieser Funktion betraut wird. Allerdings sind noch andere Personenkreise an der Aufgabe des Projektmanagements beteiligt, so z.B. die Projektmitarbeiter, die Mitglieder des Lenkungsausschusses, die Geschäftsleitung, Abteilungsleiter sowie Kunden und Lieferanten. Somit benötigt insbesondere der Projektleiter Kenntnisse in Projektmanagement, aber auch die genannten Personen müssen, um in ihrer Rolle zum Erfolg des Projektes beitragen zu können, ein gewisses Grundverständnis von Projektmanagement haben.

2. Der Projektstart

2.1. Der Projektstart legt das Fundament

Warum eine Projektvorbereitungsphase?
Warum ist eine gute Vorbereitung des Projekts wichtig?

Antwort
Eine gute Vorbereitung mit einer eigenständigen Projektstartphase bildet die Grundlage für die nachfolgenden Phasen Projektplanung und Projektdurchführung. Deshalb sollte man sich dafür Zeit nehmen. Durch etwas mehr Zeit und Aufwand für den Projektstart können die Durchführung beschleunigt und so insgesamt Zeit und Kosten gespart werden.
(siehe: Buch 2015. Seite 14)

Was gehört zu einer guten Projektvorbereitung?
Welche Aufgaben gehören zu einer guten Projektvorbereitung?

Antwort
In der Startphase sollten eine ganze Reihe von Aufgaben durchgeführt werden. Sie müssen nicht notwendigerweise in der nachfolgenden Reihenfolge durchgeführt werden. Zu nennen sind insbesondere:

1. Projektziele klären
2. Grobplanung
3. Projektorganisation
4. Stakeholder-Analyse
5. Risikomanagement
6. Projektteam zusammenstellen

Im Grunde alle die neun Aufgaben, die in Kapitel 2 „Der Projektstart" behandelt werden.
(siehe: Buch 2015. Seite 12)

2.2. Projektziele klären

Das magische Dreieck
Was ist gemeint mit dem magischen Dreieck?

Antwort
Es geht um den Zusammenhang der drei Größen

1. Leistung (Qualität),
2. Termine (Zeit),
3. Kosten (Aufwand).

Das Dreieck wird „magisch" genannt, weil Änderungen einer Zielgröße meist Auswirkungen auf eine oder beide der anderen Größen haben (häufig als Zielkonflikte). Daraus ergibt sich eine Optimierungsaufgabe. Das magische Dreieck ist sowohl bei der Planung als auch bei der Durchführung und Steuerung relevant. Bei der Planung geht es darum, diese drei Größen im Sinne des Auftraggebers zu optimieren. In der Durchführung geht es um die Kontrolle und möglichst optimale Steuerung dieser drei Größen.

(siehe: Buch 2015. Seite 17f)

Lasten- und Pflichtenheft

Was versteht man unter und wodurch unterscheiden sich Lastenheft und Pflichtenheft? Wann werden diese Dokumente normalerweise erstellt?

Antwort

Das Lastenheft enthält die Anforderungen des Kunden hinsichtlich Leistungs- und Lieferumfang sowie den Randbedingungen. Wie die Leistung konkret realisiert wird, ist noch nicht festgelegt. Das Lastenheft bildet üblicherweise die Basis für die Erstellung des Pflichtenhefts.

Das Pflichtenheft ist eine detaillierte Fortentwicklung des Lastenhefts, das gemeinsam mit dem Auftraggeber entwickelt wird. Es beschreibt die Umsetzung aller Anforderungen und ist somit ein Katalog über die zu erbringenden Leistungen. Das Pflichtenheft wird für den Vertragsabschluss benötigt.

Beide Dokumente werden in der Phase der Projektvorbereitung erstellt. In der Praxis spart man sich manchmal auch das Lastenheft und erstellt nur ein Pflichtenheft.

(siehe: Buch 2015, Seite 24)

Ziele klären

Klare und einheitlich verstandene Projektziele sind wichtig für den Projekterfolg. Bitte stellen Sie dar, in welcher Weise und mit welchen Methoden ein Projektleiter dafür zu sorgen hat, dass die Projektziele eine gute Grundlage für die weitere Planung und Durchführung bilden.

Antwort

Zu nennen sind hier:
- Projektziele sind mit dem Auftraggeber bzw. dem Kunden abzustimmen.

- Projektziele müssen auch innerhalb des Teams geklärt werden und mit anderen Projektbeteiligten abgestimmt, zumindest bekannt gemacht werden.
- Die drei Projektziele Leistungsergebnis, Termine und Kosten müssen mittels des magischen Dreiecks miteinander abgestimmt und optimiert werden.
- Es sollte ein Lasten- und ein Pflichtenheft erarbeitet werden.
- Ziele sollten im Projektauftrag schriftlich festgelegt werden. Der Kunde sollte unterschreiben.
- Ziele sollten den SMART-Kriterien entsprechen (spezifisch, messbar, attraktiv, realistisch, terminiert).
- Es sollten Kreativmethoden eingesetzt werden, um eine möglichst optimale Lösung zu finden.
- Ziele sollten unter Wirtschaftlichkeitsgesichtspunkten geprüft werden (Wirtschaftlichkeitsrechnungen, Investitionsrechnungen, Kosten-Nutzen-Analysen).

(siehe: Buch 2015, Seite 16 – 24)

2.3. Projektphasen festlegen. Die Grobplanung

Phasenkonzepte

In Projekten werden unterschiedliche Phasenkonzepte eingesetzt. Erläutern Sie ein allgemeines Phasenkonzept.

Antwort

Ein Standard-Phasenkonzept besteht aus den vier Phasen

1. Projektstart (auch: -vorbereitung, -initialisierung)
2. Projektplanung,
3. Projektdurchführung,
4. Projektabschluss.

In diesem Schema werden vier Phasen unterschieden. In der Praxis werden je nach Projektart differenziertere Konzepte eingesetzt.

Projektphasen - Beispiele

Bitte skizzieren Sie ein Phasenkonzept für ein Softwareentwicklungs- und ein Bauprojekt.

Antwort

Ein Softwareprojekt kann man in 5 Phasen gliedern:

1. Projektbegründung,
2. Ist-Analyse,

3. Sollkonzept,
4. Realisierung und
5. Implementierung.

Es gibt aber unzählige andere Konzepte. Wichtig für IT-Projekte sind die sogenannten Vorgehens-Modelle, z.B. V-Modell XT.

Bauprojekt:
1. Grundlagenermittlung
2. Vorplanung
3. Entwurfplanung
4. Genehmigungsplanung
5. Ausführungsplanung
6. Vorbereitung der Vergabe
7. Mitwirken bei der Vergabe
8. Objektüberwachung
9. Objektbetreuung und Dokumentation

(Leistungsphasen nach HOAI (Honorarordnung für Architekten und Ingenieure) z.B. §15 Objektplanung für Gebäude, Freianlagen und raumbildende Ausbauten).

Zusatzinfo: Eine Projektphase ist ein zeitlicher Abschnitt des Projektverlaufs, der sachlich gegenüber anderen Abschnitten abgetrennt ist (DIN 69901).

(Hier gibt es dazu keine spezifische Referenz im Buch 2015)

2.4. Projektorganisation

Projektorganisation ist eine Art von Organisation

Erläutern Sie anhand von zwei Eigenschaften, worin sich die Projektorganisation von der Unternehmensorganisation unterscheidet.

Antwort

Unterschiede sind insbesondere:

- Die Projektorganisation ist nur befristet gültig, d. h. die Regelungen gelten nicht dauerhaft.
- Die Projektorganisation steht in einem untergeordneten Verhältnis zur Unternehmensorganisation. Sie ist eine kleinere Einheit, die sich in die größere Einheit „Unternehmensorganisation" einfügt.

Grundformen der Projektorganisation

Welche drei Grundformen der Projektorganisation lassen sich unterscheiden?

Antwort

Die drei Grundformen sind:
1. Die reine Projektorganisation
2. Die Stabs- oder Einfluss-Projektorganisation
3. Die Matrix-Projektorganisation

Als weitere Variante ist denkbar, dass das Projekt ausschließlich innerhalb einer Abteilung bearbeitet wird. Man kann dann von einer Linien-Projektorganisation sprechen.

Vor- und Nachteile der drei Grundformen

a) Bitte benennen und erläutern Sie einige Vorteile und einige Nachteile der 3 Grundformen.

b) Lässt sich sagen, dass eine dieser Formen grundsätzlich den anderen Formen vorzuziehen ist? Von welchen Bedingungen ist die Eignung jeweils abhängig?

Antwort

a) Die drei Grundformen

Die reine Projektorganisation

Vorteile: Einheitliche Leitung. Der Projektleiter hat die Führungsrolle. Das Team kann sich voll auf das Projekt konzentrieren. Meist hohe Identifikation mit dem Projekt und seinem Erfolg; schnelle Steuerungsmöglichkeit.

Nachteile: Oft fällt es schwer, die Mitarbeiter über die gesamte Projektdauer gleichmäßig auszulasten. Gefahr der Isolation; Aus- und Wiedereingliederung macht u.U. Schwierigkeiten.

(siehe: Buch 2015, Seite 31f)

Die Stabs- Projektorganisation

Vorteile: personell leicht und rasch zu verwirklichen, flexibel; keine Reintegrationsprobleme; abteilungsübergreifende Sicht.

Nachteile: Die Position der Projektleitung ist sehr schwach; umständlicher Entscheidungsweg, da der Stab nur Vorschläge machen, aber keine Entscheidungen treffen kann. Probleme hinsichtlich der Verantwortlichkeit möglich. Lange Reaktionszeiten bei Störungen

(siehe: Buch 2015, Seite 33)

Die Matrix-Projektorganisation

Vorteile: Die Mitarbeiter können flexibel sowohl im Projekt als auch in der Linie eingesetzt werden. Zu geringe Auslastung damit meist kein Problem; Spezialistenwissen kann für die Projekte flexibel genutzt werden. Abteilungsübergreifende Perspektive; Bei Projektende kein „Wiedereingliederungsproblem"

Nachteile: Hoher Abstimmungsbedarf zwischen Projekt und Fachabteilung. Die Aufteilung der Befugnisse zwischen Projekt und Linie birgt hohes Konfliktpotenzial, MA sind „Diener zweier Herren"; Die Projektabwicklung wird häufig durch Linienaufgaben gestört. Der Projektleiter hat häufig eine hohe Verantwortung, nicht jedoch die entsprechenden Befugnisse.

(siehe: Buch 2015, Seite 34)

b) Welche Form ist die Beste?

Es gibt nicht die beste Organisationsform für alle Projekte. Welche Organisationsform die beste ist, hängt von den Merkmalen des Projekts und der Unternehmung ab, z.b. von der Größe des Projekts, von der Komplexität und Dauer des Projekts, von seiner strategischen Bedeutung, vom Risiko und von der Notwendigkeit zur bereichsübergreifenden und/oder interdisziplinären Zusammenarbeit.

Projektbeteiligte und ihre Aufgaben

Bitte benennen Sie vier Arten von Projektbeteiligten und skizzieren Sie ihre jeweiligen Aufgaben.

Antwort

Vier wichtige Projektbeteiligte sind:

- Auftraggeber: setzt die Ziele für das Projekt und nimmt das Ergebnis ab
- Lenkungsausschuss: steuert das Projekt von übergeordneter Ebene aus
- Projektleiter: plant und steuert das Projekt. Er trägt die Verantwortung für die Projektergebnisse
- Projektteam: Die Mitarbeiter im Team erfüllen Teilaufgaben im Projekt

(Siehe: Buch Seite 29ff)

Welche Aufgaben hat der Auftraggeber im Projekt?

Im Zuge des Reorganisationsprojekts bei einem Unternehmen sind die Aufgaben des Auftraggebers gegenüber dem beauftragten Beratungsunternehmen zu definieren. Nennen und erläutern Sie in Stichpunkten vier Hauptaufgaben des Auftraggebers im Projekt.

Antwort

Die 4 Hauptaufgaben des Auftraggebers:

- Leistungsumfang und gewünschte Qualität vorgeben und mit dem Auftragnehmer abstimmen
- Termine und Budget vorgeben bzw. die Planung genehmigen
- Berichte des Projektleiters bearbeiten und Rückmeldungen geben

- das Projektergebnis abnehmen und Zahlungen vertragsentsprechend leisten

(Hierzu gibt es keine spezifische Referenz im Buch 2015. Wird aber angesprochen z.B. Seite 29)

Einsatz von externem Personal

Bei Projekten wird häufig der Einsatz externen Personals erwogen. Erörtern Sie die Vorteile von eigenem und fremdem Personal in Projekten.

Antwort

Zu nennen sind hier insbesondere:

- Vorteile internen Personals: möglicherweise größeres Engagement, da die Ergebnisse des Projekts von den Mitgliedern des Projektteams im Unternehmen vertreten werden müssen. Vertrautheit mit der Unternehmenskultur, der internen Organisation und den üblichen Prozessen; kein Rekrutierungsaufwand, keine Vertragsverhandlungen, Verträge, Abrechnungen, etc.

- Vorteile externen Personals: Personal wird nur für die Zeit des Projekts ausgeliehen, Beschäftigungs- und Reintegrationsproblematik im Anschluss an das Projekt treten nicht auf; keine „Betriebsblindheit", Leihpersonal oder externe Spezialisten bringen zusätzliche Kenntnisse von außerhalb des Unternehmens mit.

(Hierzu gibt es keine spezifische Referenz im Buch 2015)

2.5. Projektleiter und Team

Projektleiter. Aufgaben

Welche Aufgaben hat üblicherweise der Projektleiter? Nennen und beschreiben Sie mindestens fünf.

Antwort

Zu nennen sind insbesondere:

- Projektvorbereitung
- Klärung der Projektziele
- Organisation des Projektes (intern: Teamzusammensetzung, Teamentwicklung, Einbindung in die Unternehmensorganisation)
- Führungsaufgaben, u.a. auch Teambildung, Teamleitung
- Planungsaufgaben
- Kontroll- und Steuerungsaufgaben
- Information nach Innen und Außen
- Dokumentations- und Berichtsaufgaben

(Hierzu gibt es keine spezifische Referenz im Buch 2015, wird angesprochen auf Seite 36)

Projektleiter. Die zwei Arten von Kompetenz

Der Projektleiter sollte über Kompetenz in zweifacher Weise verfügen; nämlich Kompetenz im Sinne von Befugnissen und im Sinne von Fähigkeiten. Bitte erläutern Sie, was damit gemeint ist.

Antwort

Mit Kompetenz im Sinn von Befugnissen ist gemeint, dass er Entscheidungen treffen darf, etwa für das Vorgehen bei der Projektarbeit und bei Auswahl und Einsatz von Mitarbeitern.

Mit Kompetenz im Sinne von Fähigkeiten ist gemeint, dass der Projektleiter über Fähigkeiten fachlicher und methodischer Art, sowie über Methoden und im Umgang mit Menschen verfügen sollte. In persönlicher Hinsicht sollte er über Durchhaltevermögen, Durchsetzungfähigkeit und Frustrationstoleranz haben.

(siehe: Buch 2015, Seite 36f)

2.6. Umfeld- / Stakeholder-Analyse

Was sind Stakeholder?

Was sind Stakeholder bei einem Projekt?

Antwort

Stakeholder sind Personen, Gruppen oder Institutionen, die nicht unmittelbar am Projekt beteiligt, aber vom Projekt betroffen sind. Prinzipiell können sie sowohl positiv als auch negativ betroffen sein. Positiv Betroffene werden das Projekt eher unterstützen, negativ Betroffene eher behindern. Stakeholdermanagement muss sich daher vor allem um diese kümmern.

(siehe: Buch 2015, Seite 40f)

Stakeholder-Analyse

Welche Kernfragen muss eine Stakeholder-Analyse beantworten?

Antwort

Die Kernfragen der Analyse:
- Welche Personen bzw. Personengruppen und Institutionen sind potentielle Stakeholder des Projektes?
- Welche Interessen und Ziele haben diese Stakeholder?

- Welchen Einfluss, welche Macht haben die potenziellen Stakeholder?
- Mit welchen Stakeholdern können sich Konflikte ergeben? Mit welchem Ausmaß an Konflikt ist zu rechnen?
- Wie werden sich die relevanten Stakeholder in Bezug auf das Projekt verhalten?
- Wie können absehbare Konflikte reduziert werden? Mit welchen Maßnahmen bezüglich der Stakeholder lässt sich das Projekt am besten durchführen?

(siehe: Buch 2015, Seite 41f)

Maßnahmen in Bezug auf die Stakeholder

Nennen Sie einige Maßnahmen, mit denen die Widerstände von Stakeholdern gemindert und potenzielle Unterstützer aktiviert werden könnten.

Antwort

Geeignet sein könnten beispielsweise:
- eine offene Informationspolitik
- gezieltes Projektmarketing
- Informationsveranstaltungen
- Pressemitteilungen
- Einladungen für Besichtigungen

(siehe: Buch 2015, Seite 42)

2.7. Risikomanagement

Vier Schritte des Risikomanagements

Bitte nennen und erläutern Sie die 4 Schritte des Risikomanagements.

Antwort

Die 4 Schritte:
1. Risiken identifizieren. Welche könnten auftreten?
2. Risikoanalyse. Wie hoch ist die Eintrittswahrscheinlichkeit und wie hoch wäre das Schadensausmaß bei Risikoeintritt?
3. Maßnahmen zur Vorbeugung und Vorsorge planen und durchführen.
4. Risikokontrolle. Während des Projektablaufs Risiken weiterhin im Auge behalten.

(siehe: Buch 2015, Seite 44ff)

Risikobewertung

Im Rahmen einer Besprechung zum Risikomanagement wird Risiko A eingeschätzt mit Eintrittswahrscheinlichkeit 10% und Schadensausmaß 50.000 €; Risiko B mit einer Eintrittswahrscheinlichkeit von 5% und einem Schadensausmaß von 200.000 €. Um welches Risiko sollte man sich bevorzugt kümmern?

Antwort

Risiko B ist wichtiger, denn:

Risiko A: 10% x 50.000 € = 5.000

Risiko B: 5% x 200.000 = 10.000

(Hierzu gibt es keine spezifische Referenz im Buch 2015, Antwort ergibt sich mit logischem Denken)

2.8. Projektkommunikation

Kommunikationskanäle

In einem vierköpfigen Team gibt es mathematisch gesehen 6 Kommunikationsbeziehungen. Wenn nun ein neues Projektmitglied dazu kommt, erhöht sich die Zahl der Kommunikationsbeziehungen. Auf wie viel?

Antwort

Zahl der Kommunikationsbeziehungen erhöht sich auf 10, denn es gilt die Formel:

Anzahl der Wege = n(n – 1) / 2

4 (4-1) / 2 = 6

5 (5-1) / 2 = 10

Dies zeigt, dass mit der Zahl der Beteiligten die Zahl der Kommunikationsbeziehungen überproportional ansteigt und so tendenziell die Aufgabe des Kommunikationsmanagements schwieriger macht.

(siehe: Buch 2015, Seite 49)

Interne Kommunikation

Bitte nennen Sie typische Formen der projektinternen Kommunikation.

Antwort

Gespräche zwischen den Mitarbeitern, Gespräche zwischen Projektleiter und Mitarbeitern, Teamsitzungen und Projektbesprechungen, schriftliche Rückmeldungen über den Projektfortschritt, Rückmeldungen über außergewöhnliche Ereignisse; Telefon, e-Mail, gemeinsame Website, Telefon- und Videokonferenz.

(siehe: Buch 2015, Seite 49)

Regeln für den Umgang mit Informationen

Welche Regeln sollten für den Umgang mit Informationen diskutiert und festgelegt werden?

Antwort

Es ist in erster Linie Aufgabe des Projektleiters, folgende Regeln zu klären:

- Wer Informationen weitergibt
- Wem Informationen weitergegeben werden
- Wozu diese Informationen benötigt werden
- Welche Informationen weitergegeben werden
- Wie diese Informationen dargestellt und vermittelt werden.

(siehe: Buch 2015, Seite 48)

2.9. Der Projektstart-Workshop (PSW)

Zweck des Projektstart-Workshops

Welche Zwecke werden mit dem Projektstart-Workshop verfolgt?

Antwort

Der PSW dient dazu, die Projektmitarbeiter gegenseitig mit sich bekannt zu machen, ein gemeinsames Verständnis über das Projekt und die zu erreichenden Ziele zu entwickeln, die Rahmenbedingungen zu klären und die weitere Vorgehensweise festzulegen.

(siehe: Buch 2015, Seite 50f)

2.10. Das Kickoff-Meeting: Der offizielle Start

Zweck des Kickoffs

Welche Zwecke werden mit dem Kickoff-Meeting verfolgt?

Antwort

Das Kickoff-Meeting stellt den offiziellen Start des Projektes dar. Während es beim PSW darum ging, Dinge innerhalb des engeren Projektteams zu planen, zu diskutieren und gemeinsam zu erarbeiten, geht es beim Kickoff mehr darum, alle Projektbeteiligten zu informieren und das bisher erarbeitete Konzepte genehmigen zu lassen. In der Praxis werden PSW und Kickoff manchmal durch eine einzige Veranstaltung kombiniert. Das ist bei kleineren Projekten mit wenig Beteiligten aus arbeitsökonomischen Gründen sinnvoll.

(siehe: Buch 2015, Seite 52)

3. Projektplanung

3.1. Projektstrukturplan (PSP) und Arbeitspakete (AP)

Schritte der Projektplanung

Welche Schritte der Projektplanung lassen sich unterscheiden?

Antwort

Bei der Projektplanung lassen sich die folgenden Schritte unterscheiden:
1. Projektstrukturplan (PSP)
2. Ablaufplanung
3. Terminplanung
4. Ressourcen- und Kapazitätsplanung
5. Kostenplanung
6. Budget und Finanzplanung

Die Schritte laufen nicht unbedingt stringent in dieser Reihenfolge. Es gibt Rücksprünge durch wechselseitigen Abstimmungsbedarf. Beispielsweise lassen sich die Termine nicht festlegen, ohne vorher geprüft zu haben, welche Ressourcen im vorgesehenen Zeitraum zur Verfügung stehen.

(siehe: Buch 2015, Seite 54)

Zweck des PSP

a) Worin besteht der Zweck eines Projektstrukturplans? b) Was ist im Einzelnen bei der Erstellung eines PSP zu tun?

Antwort

a) Der PSP ist Grundlage für die Ablauf- und Terminplanung, für die Schätzung der Projektkosten, für die Verteilung der Aufgaben und Verantwortlichkeiten, für die Dokumentation und für die Strukturierung der Projektsitzungen.

b) Ausgehend vom Leistungsziel wird die Gesamtaufgabe des Projekts strukturiert. Die Gesamtaufgabe wird in einzelne Teilaufgaben (Teilprojekte) und Arbeitspakete gegliedert. Der PSP ist die hierarchisch über verschiedene Ebenen aufgebaute Darstellung der Teilaufgaben, die sich aus der Projektgliederung ergeben. Die Arbeitspakete sind die kleinsten Einheiten und stehen auf unterster Hierarchieebene. Man muss also so weit zergliedern, bis man sinnvolle Größen für die einzelnen Arbeitspakete hat. Im Ergebnis stehen die Arbeitspakete oder Vorgänge.

(siehe: Buch 2015, Seite 55f)

Hinweis: Wenn vom Umfang (Scope) die Rede ist, gilt es zu unterscheiden zwischen Produktumfang und Projektumfang. Produktumfang beschreibt die Eigenschaften und Funktionen des zu erstellenden Produkts, Projektumfang die Arbeiten, die durchgeführt werden müssen, um das Produkt zu erstellen (vgl. dazu: PMI. A Guide to the PMBOK, 3. Ausgabe, Seite 104)

Projektstrukturplan. Gliederungskriterien

Nach welchen Kriterien können Projektstrukturpläne gegliedert werden?

Antwort

Es gibt drei Grundformen der Gliederung:

1. nach Objekten bzw. Teilobjekten
2. nach Funktionen und Tätigkeiten
3. nach Phasen eines Projekts (etwa Planung, Ausführung, Kontrolle)

Ein gemischtorientierter PSP ist eine Kombination aus zwei oder drei der vorgenannten Kriterien, oft eine Kombination aus zunächst objekt- und dann tätigkeitsbezogener Gliederung.

(siehe: Buch 2015, Seite 57)

Arbeitspakete

Was versteht man unter einem Arbeitspaket?

Antwort

Die Aufgaben auf der jeweils untersten Hierarchie-Ebene werden als Arbeitspakete bezeichnet. Ein Arbeitspaket stellt die kleinste Planungseinheit dar und soll

- für sich disponiert und kontrolliert werden können,
- aufgabenmäßig sauber abgegrenzt sein,
- jeweils bestimmten Stellen oder Personen zugeordnet werden können.

Bei einem Einfamilienhaus könnte zum Beispiel „Fenster einbauen" eine sinnvolle Einheit sein. Bei größeren Bauobjekten müsste man das u.U. weiter untergliedern, z.B. „Fenstereinbau 1. Etage", „Fenstereinbau 2. Etage", etc.

(siehe: Buch 2015, Seite 59)

3.2. Ablaufplanung

Aufgabe eines Ablaufplans

Welches ist die wichtigste Aufgabe eines Ablaufplans?

Antwort

Der Ablaufplan legt fest, in welcher Weise Vorgänge voneinander abhängig und wie sie unter Berücksichtigung dieser Abhängigkeit anzuordnen sind. Dazu werden zu jedem Vorgang die Vorgänger und Nachfolger eingetragen. Damit wird erkennbar, welche Vorgänge hintereinander erledigt werden müssen und welche parallel erledigt werden können.
(siehe: Buch 2015, Seite 61)

Ablaufplan. Darstellungsarten
Wie lässt sich der Ablaufplan darstellen?

Antwort

Der Ablaufplan lässt sich als Liste darstellen, in dem die Vorgänger und Nachfolger in Spalten eingetragen sind (Vorgangsliste). Alternativ lässt sich der Ablaufplan auch als grapisch darstellen, wobei die einzelnen Vorgänge als Kasten und ihre Abhängigkeiten als Pfeile eingetragen sind. Somit bildet diese Darstellung die Vorstufe für einen Netzplan.
(siehe: Buch 2015, Seite 61f)

3.3. Zeit- und Terminplanung

Techniken der Terminplanung
Welche Möglichkeiten oder Techniken gibt es für die Terminplanung?

Antwort

Es gibt drei grundlegende Methoden:
1. Vorgangsliste mit Vorgangsdauern und Terminen,
2. Balkendiagramm und
3. die Netzplantechnik.

(siehe: Buch 2015, Seite 62)

Vorgänge
Was wird unter einem Vorgang verstanden? Welche Typen von Vorgängen kennen Sie?

Antwort

Ein Vorgang ist eine Aktivität mit einem Anfang und einem Ende. Projekte bestehen aus einzelnen Vorgängen. Es wird unterschieden zwischen Vorgängern und Nachfolgern. Ein Startereignis hat keinen Vorgänger und ein Zielereignis hat keine Nachfolger.

Häufig werden Vorgang und Arbeitspaket identisch definiert. Manchmal wird auch gesagt, ein Arbeitspaket bestehe aus mehreren Vorgängen. *(siehe: Buch 2015, Seite 59. Dort wird gesagt, dass Arbeitspaket und Vorgang synonym behandelt werden. Netzplantechnik Seite 65)*

Was ist ein Ereignis?

Was verstehen Sie unter einem Ereignis und in welchem Zusammenhang stehen sie zu Vorgängen?

Antwort

Ein Ereignis ist das Eintreten eines definierten Zustandes im Projektablauf. Der Eintritt eines Ereignisses kann Anlass sein, einen Vorgang zu starten. Ein Ereignis kann auch die Beendigung eines Vorgangs sein. Beispielsweise ist ein Meilenstein ein Ereignis mit besonderer Bedeutung (nach DIN 69 900).

(siehe: Buch 2015, Seite 65)

Netzplantechnik-Konzepte

Welche drei Methoden der Netzplantechnik gibt es? Welche sind für die Praxis von Bedeutung?

Antwort

- Vorgangsknotennetz (VKN). Vorgänge werden als Knoten (Rechtecke) dargestellt.
- Vorgangspfeilnetz (VPN). Vorgänge werden als Pfeile dargestellt. Auch als „Critical path"-Methode bezeichnet.
- Ereignisknotennetz (EKN). Es werden nur Ereignisse und ihre Abhängigkeiten dargestellt.

Übliche Projektmanagement-Software beruht auf dem Konzept des Vorgangsknotennetzplans. Daher sind die beiden anderen Konzepte für die Praxis nur von geringer Bedeutung. Es ist verwirrend, dass in Projektmanagement-Software der Netzplan oftmals als PERT bezeichnet wird. Eigentlich ist der PERT (Program Evaluation and Review Technique) ein Ereignisknoten-Netzplan.

Ein Meilenstein-Netzplan als Ereignisknoten-Netzplan stellt keine Vorgänge, sondern nur Meilensteine (Ereignisse mit besonderer Bedeutung, Zeitdauer = null) und deren Abhängigkeit dar.

(siehe: Buch 2015, Seite 65f)

Gantt-Diagramm

Was verstehen Sie unter einem Gantt-Diagramm?

Antwort

Ein Gantt-Diagramm [gænt] oder Balkenplan ist ein nach dem Unternehmensberater Henry L. Gantt (1861–1919) benanntes Instrument des Projektmanagements, das die zeitliche Abfolge von Aktivitäten grafisch in Form von Balken auf einer Zeitachse darstellt. Dabei repräsentiert die Länge der Balken die Zeitdauer.

Balkendiagramm, vernetzt

Welche Unterschiede bestehen zwischen einem Gantt-Diagramm und einem Netzplan?

Antwort

Wenn man die Abhängigkeiten zwischen den Aktivitäten im Balkendiagramm durch Pfeile darstellt, bekommt man ein sogenanntes vernetztes Balkendiagramm. Im Netzplan werden alle Vorgänge gleich groß dargestellt. Für große Projekte mit vielen Aktivitäten ist das übersichtlicher als mit einem Balkendiagramm.

Beispiel:

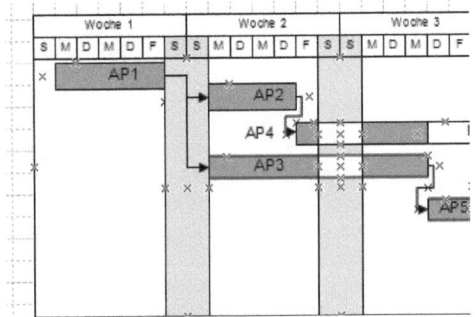

(siehe: Buch 2015, Seite 64)

Vorwärts- und Rückwärtsrechnung

Was ist in der Netzplantechnik mit Vorwärts-, was mit Rückwärtsrechnung gemeint?

Antwort

Vorwärtsrechnung: Es werden vom Start aus die frühesten Anfangszeitpunkte der einzelnen Vorgänge errechnet. Beispielsweise beginnt der erste Vorgang am 1.5. und dauert 5 Tage. Dann kann der Nachfolger, der Vorgang 2, frühestens am 6.5. beginnen.

Bei der Rückwärtsrechnung wird von hinten, d.h. vom Projektende gerechnet. Wenn also der letzte Vorgang 4 am 30.6. endet, und eine Dauer von 5 Tagen hat, müssen die Vorgänger, z.B. Nr. 3 und 2 beide spätestens am 25.6. beendet sein.

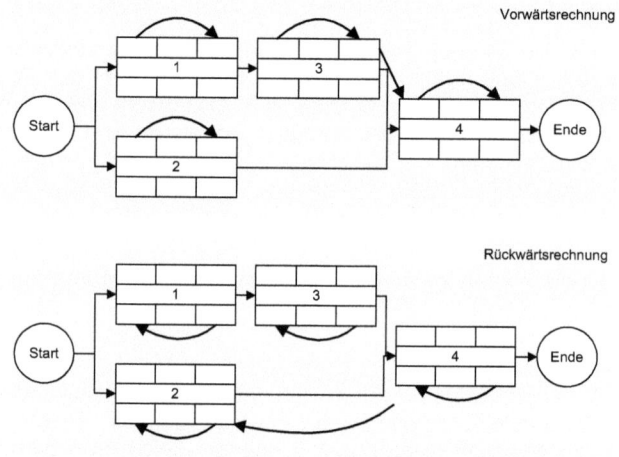

(siehe: Buch 2015, Seite 67)

Zeitpunkte und -dauern

Warum ist es wichtig, zwischen Zeitpunkten und Zeitdauern zu unterscheiden?

Antwort

In der Netzplantechnik ist es notwendig, zwischen Zeitpunkten und Zeitdauern zu unterscheiden. Beispiel: Der Startvorgang eines Projektes beginnt zum Zeitpunkt 0, also etwa Montagmorgen um 8:00 Uhr. Am Ende des Arbeitstags, nach einer Arbeitsdauer von einem Tag, also etwa um 17:00 Uhr, ist der Zeitpunkt 2 erreicht. Die Arbeit am Dienstagmorgen beginnt ebenfalls zum Zeitpunkt 2. Wenn der Vorgang 3 Tage dauert, ist er am Mittwochabend zum Zeitpunkt 3 beendet. Der Folgevorgang beginnt am Donnerstagmorgen zum Zeitpunkt 3.

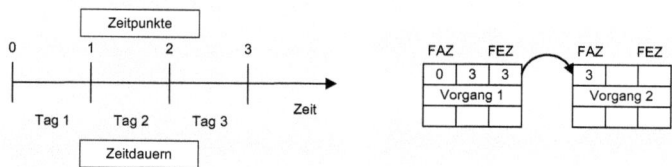

(siehe: Buch 2015, Seite 68)

FEZ berechnen

Als Dauer wird die Zeitspanne vom Anfang bis zum Ende eines Vorgangs bezeichnet. Wie lässt sich aus einem frühesten Anfangszeitpunkt und gegebener Vorgangsdauer der früheste Endzeitpunkt ermitteln?

Antwort

Der früheste Endzeitpunkt ergibt sich aus der Vorwärtsrechnung durch den frühesten Anfangszeitpunkt plus Dauer des Vorgangs, also FAZ + Dauer = FEZ. Beispiel: 3 + 7 = 10

FAZ		FEZ
3	7	10
	Vorgang	
SAZ		SEZ

FAZ = Frühester Anfangszeitpunkt
FEZ = Frühester Endzeitpunkt
SAZ = Spätester Anfangszeitpunkt
SEZ = Spätester Endzeitpunkt

(siehe: Buch 2015, Seite 67)

FEZ und FAZ des Nachfolgers

Welche Bedeutung hat der früheste Endzeitpunkt (FEZ) eines Vorgangs auf den Beginn eines Nachfolgers (FAZ)?

Antwort

Der früheste Endtermin eines Vorgängers ist gleich dem frühesten Anfangstermin eines Nachfolgers. Hat der Vorgang mehrere Vorgänger, so ist deren spätester Endtermin der früheste Anfangstermin.

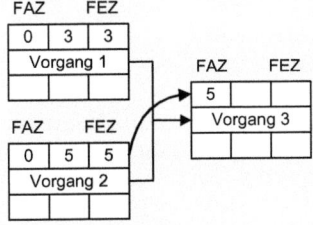

(siehe: Buch 2015, Seite 67)

SAZ und SEZ ermitteln

Wie werden die spätesten Endtermine (SEZ) bzw. Anfangstermine (SAZ) eines Vorgangs ermittelt?

Antwort

Dies geschieht durch die sogenannte Rückwärtsrechnung. Ausgehend vom Projektendtermin wird festgestellt, wann der vorgelagerte Vorgang spätestens fertig sein müsste (=SEZ). Abzüglich der Vorgangsdauer ergibt sich der späteste Anfangstermin (SAZ).

Der SAZ ist gleichzeitig der SEZ des Vorgängers, bzw. wenn es mehrere gibt, der SEZ dieser Vorgänger.

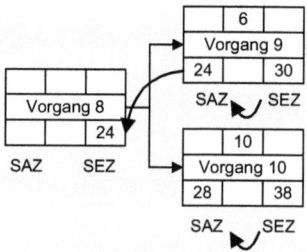

(siehe: Buch 2015, Seite 67)

Industriekalender

Welche Funktion hat der Industriekalender?

Antwort

Beim Industriekalender zählen nur die tatsächlichen Arbeitstage des Jahres, die fortlaufend durchgezählt werden. Wochenenden, Feiertage, und sonstige freie Tage werden nicht berücksichtigt. Bestehen feste Betriebsferien, fallen diese auch heraus. Für die Terminplanung mit der Netzplantechnik ist damit eine erhebliche Vereinfachung verbunden.

Freie Pufferzeit

Was wird unter einer freien Pufferzeit verstanden?

Antwort

Die Freie Pufferzeit (FP) ist die „Zeitspanne, um die ein Ereignis bzw. Vorgang gegenüber seiner frühesten Lage verschoben werden kann, ohne die früheste Lage anderer Ereignisse bzw. Vorgänge zu beeinflussen" (DIN 69900). Das bedeutet, dass alle Nachfolge-Vorgänge zu ihrem frühesten Anfangszeitpunkt durchgeführt werden können. Er kann nur entstehen, wenn mindestens zwei Vorgänge auf denselben Nachfolger treffen.

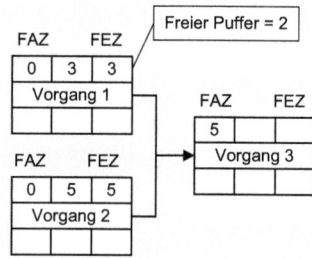

(siehe: Buch 2015, Seite 68)

Gesamtpufferzeit

Was verstehen Sie unter einer Gesamtpufferzeit und wie ist sie zu ermitteln?

Antwort

Die Gesamte Pufferzeit (GP) ist „die Zeitspanne zwischen frühester und spätester Lage eines Ereignisses bzw. Vorgangs" (DIN 69900, Teil 1), d.h. der Vorgänger befindet sich in frühester, der Nachfolger in spätester Lage.

- Der Gesamtpuffer ist die Zeitspanne, um die ein Vorgänger verschoben werden kann, bis er an die kritische Grenze „Spätester Anfangszeitpunkt des Nachfolgers" stößt. (RKW/GPM, PM-Fachmann, 2001, S. 546)

(siehe: Buch 2015, Seite 68)

Kritischer Pfad

Was ist ein kritischer Pfad (oder Weg)?

Antwort

Auf dem sogenannten kritischen Pfad führt eine Verzögerung an einer Stelle dieses Weges zum nicht termingerechten Projektabschluss. „Auf dem kritischen Weg liegen alle Vorgänge, bei denen die früheste und späteste zeitliche Lage übereinstimmen. Sie können nicht verschoben werden, ohne den Projektendtermin zu verändern." (RKW/GPM, PM-Fachmann, 2001, S. 546)

(siehe: Buch 2015, Seite 68)

3.4. Ressourcenplanung

Ressourcenplanung für ein fünfköpfiges Team

In einem interdisziplinär besetzten 5-köpfigen Team wurde ein Ressourcenbedarf von genau 150 Personentagen für das Projekt ermittelt. Rein rechnerisch ergibt sich daraus eine Projektdauer von 30 Tagen. Bitte erläutern Sie, warum das Projekt voraussichtlich länger dauern wird und deshalb eine längere Projektdauer eingeplant werden muss.

Antwort

Es gibt Urlaubs- und Krankentage. Bei interdisziplinärer Zusammensetzung sind die Mitarbeiter nicht für alle Aufgaben einsetzbar. Es mag entsprechend der Projektplanung Zeiten der Über- und Unterlastungen geben.

(siehe: Buch 2015, Seite 71f)

Einsatzmittel

Welche Ressourcen- oder Einsatzmittelarten lassen sich unterscheiden?

Antwort

Es lassen sich vier Hauptgruppen an Ressourcen (DIN spricht von Einsatzmitteln) unterscheiden:
1. Personal
2. Betriebsmittel (z.B. Maschinen, Computer, Räume)
3. Material, Sachmittel (z.B. Zement, Komponenten, Papier)
4. Sonstige Leistungen (z.B. externe Dienstleistungen, Geschäftsreisen)

(siehe: Buch 2015, Seite 71)

3.5. Kostenplanung

Voraussetzungen für die Kostenplanung

Welche Angaben benötigen Sie, um die Projektkosten kalkulieren zu können?

Antwort

Man muss wissen, welche Ressourcen in welcher Menge für die Projektbearbeitung benötigt werden. Weiterhin müssen die Preise für die einzelnen Ressourcen bekannt sein. Auf Basis des Mengengerüsts und der Preise (Stunden-, Tagessätze, Stückpreise) lassen sich die Kosten errechnen.

(siehe: Buch 2015, Seite 76)

Kostenarten

Was ist eine gängige Gliederung der Projektkosten nach Kostenarten?

Antwort

Für die Projektplanung werden häufig die folgenden vier Kostenarten unterschieden:
- Personalkosten (Personalkostensätze, Stunden- oder Tagessätze)
- Betriebsmittelkosten (Maschinenstundensätze, kalkulatorische Raummieten)
- Sach- und Materialkosten (Sachkostensätze, Preise)
- Sonstige Kosten (Preise)

Für die meisten Projekte stellen die Personalkosten die größte Kostenposition dar.

(siehe: Buch 2015, Seite 76)

3.6. Finanz- und Budgetplanung

Finanzplanung

Welche Aufgabe hat die Finanzplanung?

Antwort

Aufgabe der Finanz- und Budgetplanung ist es, sowohl den insgesamt erforderlichen Finanzbedarf als auch den zeitlich anfallenden Finanzbedarf in den einzelnen Abrechnungsperioden zu ermitteln.

(siehe: Buch 2015, Seite 80)

Zweck der Finanzplanung

Bitte erläutern Sie, warum man zusätzlich zur Kostenplanung noch eine Finanzplanung in Projekten benötigt.

Antwort

Kosten sind nicht gleich Auszahlungen. Die Finanzplanung muss sicherstellen, dass während der gesamten Projektlaufzeit die Finanzmittel für die notwendig werdenden Auszahlungen bereitstehen. Dabei gilt es, eventuelle Einzahlungen zu berücksichtigen. Zwischen Auftragnehmer und Auftraggeber muss geklärt werden, in welchem Rhythmus und Größe die benötigten Finanzmittel bereitgestellt und abgerufen werden. DIN 69 903 definiert die Projektfinanzierung entsprechend als „das Planen und Durchführen der Beschaffung der für das Projekt erforderlichen finanziellen Mittel, einschließlich der Bereitstellung und Freigabe." (RKW/GPM, PM-Fachmann, 2001, S. 667)

(siehe: Buch 2015, Seite 80)

3.7. Schätzmethoden

Voraussetzungen für gute Schätzungen

Bitte erläutern Sie, welche Voraussetzungen gegeben sein müssen bzw. herzustellen sind, damit bei der Projektplanung verlässliche Schätzungen möglich sind.

Antwort

Ein solide erarbeiteter Projektstrukturplan ist eine zentrale Voraussetzung für die gute Schätzung. Auf dieser Basis lässt sich der voraussichtliche Einsatzmittelbedarf an Personal, Maschinen und Materialien und damit auch der Zeit und der Kosten schätzen. Die einzelnen Arbeitspakete sollten so genau wie möglich beschrieben sein. Um möglichst alle Arbeiten zu erfassen, sollten alle Beteiligten mit einbezogen werden. Vor der Schätzung sollten eine Risiko- sowie eine Stakeholder-Analyse gemacht worden sein.

(siehe: Buch 2015, Seite 81ff)

Schätzungen verbessern

Projektleiter Maier hat die Projektplanung gemacht und dabei die Ressourcen, Kosten und die Termine allein geschätzt. Wie kann er die Qualität seiner Schätzung erhöhen?

Antwort

Geeignete Schätzmethoden auswählen und systematisch einsetzen: statt Einzelschätzung Gruppenschätzung mit Mitarbeitern und Kollegen machen, Schätzklausur, Delphi-Methode, Experten befragen, Kennzahlen (falls für den Projekttyp vorhanden), Analogiemethode, etc.

(siehe: Buch 2015, Seite 84)

Vergleichsmethode

Was versteht man unter der Vergleichsmethode bei der Projektplanung?

Antwort

Man spricht auch von Analogmethode. Vergleichsmethoden bedienen sich der Erfahrungsdaten aus abgeschlossenen Projekten unter Verwendung entsprechender Vergleichskriterien. Dazu müssen ausreichend zuverlässige Daten aus möglichst ähnlichen Vorgängerprojekten vorliegen.

Vier Schritte:

1. Projektauswahl (möglichst ähnliches Projekt),
2. Ungleichheitsermittlung (was ist anders?),
3. Abweichungsermittlung,
4. Ergebnisermittlung.

(siehe: Buch 2015, Seite 85)

Kennzahlenmethode

Was versteht man unter Kennzahlenmethode bei der Projektplanung?

Antwort

Die Kennzahlenmethode erfordert systematisches Sammeln spezifischer Informationen aus abgeschlossenen Vorhaben. Daraus werden vergleichsfähige Kennzahlen abgeleitet, z.B. Aufwand (h) / Fläche (qm) für das Fliesenlegen. Kennzahlen müssen also a) ermittelt werden und b) richtig angewendet werden. Manchmal liegen Kennzahlen schon vor oder es kann auf Kennzahlen zurückgegriffen werden, die von anderen Stellen (Verbänden, Vereinen) ermittelt worden sind. Bei Softwareentwicklung relevant sind z.b. COCOMO und die Function Point-Methode.

(siehe: Buch 2015, Seite 86)

Schätzklausur

Beschreiben Sie bitte stichwortartig die Methode der Schätzklausur (Delphi-Methode).

Antwort

Ziel der Schätzklausur ist es, die Ressourcen, Termine, Kosten der Arbeitspakete und die Gesamtkosten des Projektes so genau wie möglich zu schätzen. Ferner soll das Team ein gemeinsames Verständnis von den Projektzielen erhalten und sich mit ihnen identifizieren. Missverständnisse über die Projektziele sollen beseitigt und eventuelle Informationslücken geschlossen werden.

Teilnehmer: Projektleiter und Team, evtl. externe Fachleute, Moderator

Technik: Moderator fordert die Beteiligten auf, gleichzeitig (wie die Punktrichter beim Eiskunstlauf) eine Schätzung abzugeben (2. Schätzrunde).

Der Schätzer mit dem höchsten und der Schätzer mit dem niedrigsten Punktwerte erläutern ihre Gründe für die Schätzung. Diskussion

Danach wird die Schätzung wiederholt (2. Schätzrunde)

Der Leiter nimmt die Werte in die Mittelberechnung auf und errechnet den Mittelwert.

(siehe: Buch 2015, Seite 88ff)

4. Durchführung und Projektcontrolling

4.1. Aufgaben in der Durchführungsphase

Was ist Projektcontrolling?

Was ist Projektcontrolling und welche Aufgaben umfasst es?

Antwort

Projektcontrolling bezeichnet die Kontrolle eines Projektes in der Durchführung mit Blick auf die Termineinhaltung, Ergebnis / Leistungserbringung, d.h. der Vergleich von den geplanten Werten mit den tatsächlich realisierten Werten (Ist-Werte). Im engeren Sinn umfasst Controlling nur die Aufgabe der Überwachung und der Kontrolle.

Üblicher jedoch ist ein erweitertes Verständnis. Danach umfasst Controlling nicht nur die Kontrolle, sondern auch die Steuerung, d.h. die Planung und Durchführung von Maßnahmen, um das Projekt entsprechend der Planvorgaben auf Kurs zu halten. Bei Abweichungen müssen die Ursachen ermittelt und das Projekt durch geeignete Steuerungsmaßnahmen wieder auf Kurs gebracht werden. Dabei sind die wechselseitigen Abhängigkeiten der drei zentralen Zielgrößen des „magischen Dreiecks" zu beachten, d.h. Ergebnis, Termin und Kosten.

(siehe: Buch 2015, Seite 92)

Aufgaben des Projektleiters beim Controlling

Beschreiben Sie anhand von Beispielen die Tätigkeiten eines Projektleiters im Rahmen des Projektcontrollings.

Antwort

- Plan- und Sollvorgaben an Mitarbeiter und Externe übermitteln
- Ist-Zustände bezüglich Leistung, Termine und Kosten im Projektfortschritt erfassen
- Soll-Ist-Vergleiche durchführen und dokumentieren
- Abweichungen analysieren
- steuernd eingreifen, z.B. zusätzliche Arbeitspakete einplanen (Nacharbeit), beschleunigen, mehr Ressourcen einsetzen, Kapazitäten erweitern
- Planung aktualisieren

(siehe: Buch 2015, Seite 92ff)

4.2. Projektcontrolling vorbereiten

Kritische Arbeitspakete

Welche Arbeitspakete sollten in der Durchführungsphase sehr genau im Auge behalten werden?

Antwort

- Arbeitspakete auf dem kritischen Weg
- Vorgänge mit hohem Neuigkeitsgrad und hohem Risiko
- Vorgänge, bei denen die Schätzungen von Zeit und Kosten sehr unsicher waren
- Vorgänge, die höhere Kosten verursachen als andere
- Vorgänge, die von äußeren Umständen abhängig sind

(siehe: Buch 2015, Seite 92ff. Keine spezifische Entsprechung im Buch)

Bringschuld und Holschuld

Was verstehen Sie unter Bringschuld und Holschuld bei Rückmeldungen?

Antwort

Die Bringschuld verpflichtet den Informationsgeber (z.B. den Arbeitspaketverantwortlichen), die Informationen zu liefern, und zwar möglichst unaufgefordert. Das setzt allerdings voraus, dass er weiß, was, wann und warum diese Information benötigt wird. (PMF, 1045). Dies kann ereignisorientiert oder periodisch geregelt werden.

Die Holschuld verpflichtet den Informationsnehmer (z.B. den Projektleiter), die Info bei Bedarf zu holen. Dazu muss er die Infogeber kennen und welche Art von Infos sie haben. (RKW/GPM, PM-Fachmann, 2001, S. 1045). Im Falle der Holschuld überzeugt sich der Projektleiter selbst jeweils vom Projektstand.

Beide Verfahren können kombiniert eingesetzt werden.

(siehe: Buch 2015, Seite 96)

4.3. Projektsteuerungszyklus

Steuerungszyklus

Nennen Sie die 5 Schritte des Projektsteuerungszyklus.

Antwort

Die 5 Schritte der Projektsteuerung:

1. Ist-Werte erfassen
2. Soll-Ist-Vergleich,
3. Ursachenanalyse
4. Korrekturmaßnahmen einleiten
5. evtl. Revision der Planung.

Falls keine Soll-Ist-Abweichungen aufgetreten sind, sind eine Analyse und Maßnahmen nicht notwendig.

(siehe: Buch 2015, Seite 97)

Plantreue und Wirtschaftlichkeit

Wie ist es denkbar, dass ein Projekt nicht in der wirtschaftlichsten Weise durchgeführt wurde, obgleich Kosten und Termine sowie Leistungserbringung eingehalten wurden?

Antwort

Das Projekt wurde mit Absicht (z. B. Sicherheitsreserven für nicht genau prognostizierbare Vorgänge) oder aufgrund von Fehlschätzungen zu großzügig geplant und die Reserven wurden in der Durchführung von den Mitarbeitern unnötig verbraucht (absichtlich oder unabsichtlich). Die Durchführung hätte schneller gehen und das Ergebnis zu geringeren Kosten erreicht werden können.

(siehe: Buch 2015, Seite 117)

Soll-Ist-Vergleich

Was ist ein Soll-Ist-Vergleich?

Antwort

Soll-Werte sind die Planansätze, ggf. durch früher aufgetretene Abweichungen revidiert. Diese werden mit den Ist-Werten verglichen, die sich tatsächlich in der Durchführung ergeben haben.

(siehe: Buch 2015, Seite 99)

Ist-Werte erfassen

Die Aussagekraft der Vergleiche hängt weitgehend von der korrekten Erfassung der Ist-Werte ab. Welche Probleme können bei der Ermittlung der Ist-Werte auftreten?

Antwort

Ist-Werte basieren auf Rückmeldungen der Projektmitarbeiter, die vollständig, zeitnah und wahrheitsgemäß erfolgen müssen. Besondere Probleme ergeben sich bei Vorgängen, die noch nicht abgeschlossen sind. Hier ist der Fertigstellungsgrad, die Restbearbeitungszeit und die voraussichtlichen Restkosten zu schätzen. Es kann auch schwierig sein, einzelne

Ist-Kosten zu ermitteln, weil die Rechnungen der Lieferanten oder entsprechende Daten aus der Betriebsabrechnung noch nicht vorliegen.

(siehe: Buch 2015, Seite 104f)

4.4. Terminkontrolle

Termine überwachen

Bitte nennen Sie einige Methoden zur Überwachung von Terminen.

Antwort

Termine für einzelne Vorgänge und Meilensteine können anhand des Balkendiagramms, der Terminliste und des Netzplans überwacht werden. Für die Überwachung von Meilensteinen gibt es die Meilenstein-Trendanalyse.

(siehe: Buch 2015, Seite 100ff)

Meilenstein-Trendanalyse

Bitte nennen Sie die wesentlichen Schritte für eine Meilenstein-Trendanalyse.

Antwort

Die wesentlichen Schritte dafür sind:

- Die Meilensteinergebnisse sind mit ihren dazugehörigen Terminen zu definieren
- Periodisch, d.h. in regelmäßigen zeitlichen Abständen sind die realisierten Werte zu überprüfen
- Neue Schätzungen in das Meilenstein-Trendchart einzutragen
- Auswirkungen und mögliche Korrekturmaßnahmen bei Abweichungen sind festzulegen

(siehe: Buch 2015, Seite 102)

4.5. Kostenkontrolle

Ist-Kosten eines Projekts

Die Kostensituation eines Projekts zu erfassen ist nicht immer einfach. Bitte nennen Sie einige der Gründe, die dafür verantwortlich sind.

Antwort

Kosten werden (aus unterschiedlichen Gründen) nicht korrekt erfasst.

Kosten werden den Arbeitspaketen nicht korrekt zugeordnet.

Manchmal werden Kosten für Aufgaben zwar verursacht, aber nicht den entsprechenden Arbeitspaketen zugeordnet.

Für Arbeitspakete, die in Durchführung sind, liegen die Kosten noch nicht fest, sondern müssen geschätzt werden.

Von der Betriebsabrechnung werden die Daten nicht korrekt oder verspätet geliefert.

(siehe: Buch 2015, Seite 101f, 105)

Personalkosten zurechnen

Welche Schwierigkeiten können sich bei der Zurechnung von Personalkosten auf das Projektbudget ergeben?

Antwort

Die Zurechnung von Personalkosten kann z.b. durch den Umstand erschwert sein, dass Mitarbeiter nur einen Teil ihrer Arbeitszeit dem Projekt widmen oder in mehreren Projekten parallel tätig sind. Oftmals erweist sich dann eine hinreichend exakte Zeiterfassung der Mitarbeiter (i.d.R. durch eigene Aufzeichnung mit Stundenzetteln) als schwierig und wird manchmal vernachlässigt. Diese ist aber Voraussetzung für eine exakte Erfassung der Personalkosten.

(siehe: Buch 2015, Seite 104)

4.6. Leistungskontrolle

Kostenüberschreitung

Welche Gründe kann eine Kostenüberschreitung haben? Ist Kostenüberschreitung immer Grund zur Besorgnis?

Antwort

Die Kostenüberschreitung kann durchaus auch positiv zu bewerten sein, nämlich zum Beispiel dann, wenn Mehrkosten zu einem schnelleren Projektfortschritt geführt haben. Dann lässt sich das Projekt früher abschließen. Oder aber die Mehrkosten haben zu einer (vom Auftraggeber gewünschten) höheren Qualität geführt.

Liegen die Ursachen für die Kostenüberschreitung allerdings darin, dass der erhöhte Ressourcenbedarf zu keinem entsprechend höheren Leistungsfortschritt geführt hat, so könnten die eingesetzten Ressourcen ineffizient einsetzt worden sein.

(siehe: Buch 2015, Seite 108f)

Das „90%-Syndrom"

Ein Mitarbeiter berichtet, dass der Vorgang, an dem er arbeitet, zu 90% abgeschlossen ist. Was könnte man daraus schließen?

Antwort

Nähert man sich dem Projektende, so kommt es häufig vor, dass Mitarbeiter aus Angst, an der Terminverzögerung schuld zu sein, falsche Angaben zum Projektfortschritt machen. Aber auch wenn der Fertigstellungsgrad wirklich 90% beträgt, besagt eine Regel, dass für die letzten 10% nochmals 30-40% des Gesamtaufwandes verbraucht werden.

(keine spezifische Entsprechung im Buch)

Wichtige Angaben zu den Arbeitspaketen

Als Projektleiter, der auch das Controlling macht, benötigen Sie für möglichst realistische Schätzungen Informationen von den jeweiligen Arbeitspaketverantwortlichen. Welche Informationen benötigen Sie im Einzelnen?

Antwort

- Welche Arbeitspakete sind abgeschlossen? Geplante Termine / realisierte Termine; geplante Kosten / realisierte Kosten
- Welche sind in Durchführung? Leistungsfortschritt für die einzelnen APs, bisheriger Ressourcenverbrauch und bisher verursachte Kosten
- Welche APs wurden noch nicht begonnen?

(siehe: Buch 2015, Seite 101)

Kostenverlauf. Beispiel 1

Interpretieren Sie das folgende Diagramm in Bezug auf den Stichtag 15. Dez. 2015. Welche Ursachen können für die Abweichung vorliegen?

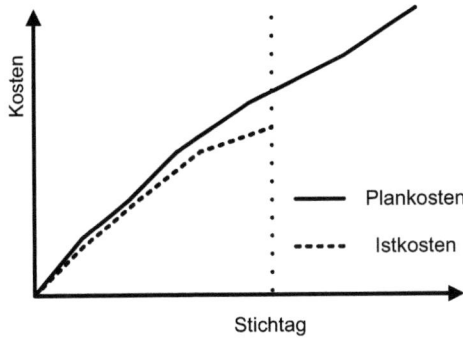

Antwort

- Im Projekt ging es besser voran als geplant; deshalb war der Aufwand geringer.
- Es wurden Mitarbeiter mit niedrigeren Stundensätzen als geplant eingesetzt.
- Der Projektfortschritt war geringer als geplant, deshalb wurden auch weniger Kosten verursacht.

(siehe: Buch 2015, Seite 109)

Kostenverlauf. Beispiel 2

Interpretieren Sie das folgende Diagramm in Bezug auf den Stichtag 15. Dez. 2015. Welche Ursachen können für die Abweichung vorliegen?

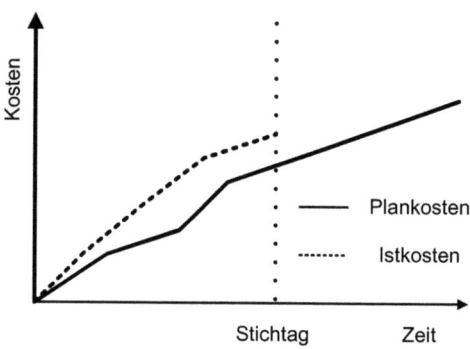

Antwort

Die Kosten sind zum Stichtag höher als geplant. Ursachen könnten sein:

- Unwirtschaftlicher Projektverlauf
- Es musten Ressourcen zu höheren Kosten als geplant eingesetzt werden
- Projektfortschritt war zügiger als geplant, Arbeitspakete wurden vorzeitig abgeschlossen

(siehe: Buch 2015, Seite 109)

Kostenverlaufs-Diagramme

Zu welchen Fehlschlüssen könnten Kostenverlaufs-Diagramme verleiten?

Antwort

Die Diagramme könnten dazu verleiten, aus der reinen Tatsache für eine Kosten- oder Arbeitsüberschreitung bzw. -unterschreitung Rückschlüsse auf den Projektfortschritt oder die Projektqualität ziehen zu wollen.

Jedoch lässt sich aus den Diagrammen nichts über den Fertigstellungsgrad des Projektes und die Fertigstellungsgrade von Arbeitspaketen ablesen. So ist eine Kostenüberschreitung nicht unbedingt ein Problem, wenn sie durch einen schnelleren Projektfortschritt gerechtfertigt ist.

(siehe: Buch 2015, Seite 108f)

4.7. Ursachenanalyse

Ursachen für Abweichungen

Im Projektablauf können Abweichungen von den Sollvorgaben auftreten. Sie können auf unterschiedliche Kategorien von Ursachen zurückzuführen sein. Nennen Sie drei derartige Kategorien und geben sie jeweils einige Beispiele.

Antwort

Drei Ursachenarten können sein:
- Planungsfehler (z.b. falsch geschätzt, Kapazitäten falsch geplant),
- Durchführungsfehler (z.b. mangelndes Controlling, Teamkonflikte nicht gelöst) und
- Änderungen der Rahmenbedingungen (Auftraggeber ändert seinen Auftrag, es hat geregnet).

(siehe: Buch 2015, Seite 113f)

Das Ishikawa-Diagramm

Das Ursache-Wirkungsdiagramm wird nach ihrem Erfinder auch Ishikawa-Diagramm bezeichnet. In Form einer Fischgräte lassen sich Problemursachen graphisch strukturieren, in Haupt- und Nebenursachen zerlegen und übersichtlich darstellen. Es ist auch ein Hilfsmittel für die Ursachenanalyse für das Projekt-Controlling. Nennen Sie beispielhaft Kategorien für Fehlerursachen, die für Projekte bedeutsam sind.

Antwort

Beispielsweise können hier genannt werden: Management, Lieferanten, Kunde, Umwelt, Technik. Aber auch eine andere Kategorisierung der Ursachen ist denkbar.

(siehe: Buch 2015, Seite 115)

4.8. Steuerungsmaßnahmen

Maßnahmen

Nehmen wir an, das Projekt sei im Zeitverzug. Welche Maßnahmen könnte der Projektleiter anordnen, um das Projekt zu beschleunigen?

Antwort

Beispiele für Maßnahmen:
- Überstunden für sich und die Projektmitarbeiter,
- zusätzliches Personal einstellen,
- mehr Betriebsmittel einsetzen,
- Leistungsumfang und Funktionen des Projektergebnisses (Produkt oder Dienstleistung) reduzieren.

(siehe: Buch 2015, Seite 115f)

Kostenüberschreitungen. Wie reagieren?

Wie könnte auf absehbare Kostenüberschreitungen reagiert werden?

Antwort

Denkbar wären:
1. Abstriche beim Leistungsziel machen, z.b. Umfang reduzieren, niedrigere Qualität
2. Eventuell lassen sich preiswertere Ressourcen einsetzen
3. Nachverhandlungen mit Auftraggeber
4. Mitarbeiter zu höherer Leistung motivieren
5. Budget erhöhen
6. u.a.

(siehe: Buch 2015, keine spezifische Entsprechung im Buch)

4.9. Revision der Planung

Revision

Wann muss ein Projektleiter seine Projektplanung revidieren?

Antwort

Eine Revision der Planung wird erforderlich, wenn absehbar ist, dass es nicht mehr möglich ist, die ursprünglichen Planwerte zu erreichen.

(siehe: Buch 2015, Seite 117)

Wer ist bei der Revision einzuschalten?

Wenn ein Projektleiter erkennt, dass seine Projektplanung revidiert werden muss, wen sollte er unterrichten?

Antwort

Zuerst sollte er sich mit dem Lenkungsausschuss in Verbindung setzen, um eventuelle Alternativen im Rahmen einer Risikoanalyse zu prüfen. Die Mitarbeiter sollten rechtzeitig mit der Notwendigkeit einer Revision der Planung unterrichtet werden. Im zweiten Schritt wäre der Auftraggeber in Kenntnis zu setzen. Dies sollte rechtzeitig geschehen. Das sollte insbesondere dann rechtzeitig geschehen, wenn das Projekt zu scheitern droht und der verfolgte Lösungsansatz nicht zielführend ist.

(siehe: Buch 2015, keine spezifische Entsprechung im Buch)

4.10. Projektdokumentation

Zwecke der Projektdokumentation

Nennen Sie Argumente für die Notwendigkeit einer guten Projektdokumentation.

Antwort

Dokumentation

- ist wesentliche Voraussetzung für die Sicherung eigener und die Absicherung gegen fremde Ansprüche.
- ist unerlässlich für die Möglichkeit des späteren Zurückgreifens auf bereits abgeschlossene Projekte. Sie kann so Lerneffekte ermöglichen.
- erleichtert das Einarbeiten neuer Mitarbeiter
- ist eine wichtige Voraussetzung für eine eventuelle Zertifizierung des Unternehmens bzw. für deren Vorbereitung

(siehe: Buch 2015, Seite 118)

Projektdokumentation und Projekthandbuch

Worin liegt der Unterschied zwischen Projektmanagement-Handbuch, Projekt-Handbuch und Projektdokumentation?

Antwort

Ein Projektmanagement-Handbuch ist eine "Zusammenstellung von Regelungen, die innerhalb einer Organisation generell für die Planung und Durchführung von Projekten gelten."
Das Projekthandbuch ist nicht identisch mit dem Begriff des Projektmanagement-Handbuchs! Der Begriff des Projekthandbuchs (auch Projektak-

te oder Projektordner) wird manchmal für die Projektdokumentation verwendet werden (RKW/GPM, PM-Fachmann, 2001, S. 141ff). Projektakte etwa beinhaltet alle für das Projekt relevanten Dokumente.

Projektdokumentation ist nach DIN 69901 (1987) die „Zusammenstellung ausgewählter, wesentlicher Daten über Konfiguration, Organisation, Mitteleinsatz, Lösungswege, Ablauf und erreichte Ziele des Projektes."

(siehe: Buch 2015, Seite 118)

Projektmanagement-Handbuch

Beschreiben Sie den Zweck des Projektmanagement-Handbuchs. Geben Sie Beispiele für seinen Inhalt.

Antwort

Das Projektmanagementhandbuch fasst die Anleitungen, Regeln, Vorschriften für die Durchführung von Projekten zusammen. Es ist das Kernstück des firmeneigenen PM-Systems (PMF, 940) und enthält auch die Anleitungen für die Projektdokumentation. Es bildet eine einheitliche und verbindliche Grundlage des Vorgehens bei der Projektarbeit in einem Unternehmen. Zur Sicherung der einheitlichen Handhabung des PM im Unternehmen sind „Spielregeln" bzw. Vorgaben erforderlich, die für das anwendende Unternehmen spezifisch erarbeitet werden. Nützlich ist es auch für Einarbeitung neuer Mitarbeiter und für Schulungen. Eine inhaltliche Gliederung könnte beispielsweise so sein:

1. Grundsätze des Projektmanagements
2. Projektorganisation. Zuständigkeiten und Verantwortlichkeiten
3. Grundsätze und Regeln für die Teamarbeit
4. So bereiten wir Projekte vor
5. Projekt planen, Aufwände schätzen
6. Projekte durchführen und überwachen
7. So schließen wir Projekte ab
8. Dokumentieren und Berichte schreiben

Anhang: Formblätter und Vorlagen

(siehe: keine spezifische Entsprechung im Buch)

4.11. Projektberichte

Berichtswesen und Dokumentation

Was verstehen Sie unter Berichtswesen, was unter Dokumentation?

Antwort

Das Berichtswesen stellt Informationen über das Projekt zweckdienlich für die Adressaten zusammen. Es regelt den Projektfluss, die Häufigkeit der

Berichterstattung und die Berichtsinhalte. Projektberichte stellen die aktuelle Projektsituation dar.

Die Projekt-Dokumentation ist die Zusammenstellung aller Unterlagen, die im Projektverlauf von Beginn bis zum Abschluss entstehen und die es möglich machen, sich jederzeit umfassend über das Projekt informieren zu können. Die Projektdokumentation ist zu Projektbeginn zu planen, also welche Dokumente werden wie und wo gesammelt, strukturiert, etc.

(siehe: Buch 2015, Seite 116, 120)

Berichtsarten

Es gibt drei wichtige Berichtsarten. Zu welchem Anlass und zu welchem Zweck werden sie erstellt?

Antwort

- Projektstatusbericht. Ein regelmäßiger Bericht zu den vereinbarten Zeitpunkten entsprechend Berichtsplan.
- Sonderbericht wird erstellt, wenn eine Problemsituation auftritt.
- Abschlussbericht. Zum Ende des Projekts.

(siehe: Buch 2015, Seite 121)

Berichte und Auftraggeber

Auf welche Weise kann ein Projektleiter sein Berichtswesen im Hinblick auf die Kommunikation mit dem Auftraggeber des Projektes gut gestalten?

Antwort

Maßnahmen wären z.B.

- Zu Projektbeginn sollte geklärt werden, wie, wann und in welchen Abständen, in welcher Weise der Auftraggeber Projektberichte mit welchem Detaillierungsgrad bekommt.
- Einbau einer Feedbackfunktion in den Berichtsprozess: durch Nachfragen lässt sich klären, ob Inhalt und Umfang der Berichterstattung für den Auftraggeber geeignet sind.

(siehe: Buch 2015, Seite 120)

5. Projektabschluss

5.1. Der Projektabschluss wird oft vernachlässigt

Projektabschluss

Ein Projekt sollte mit einer Projektabschlussphase abgeschlossen werden. Warum?

Antwort

Mit dem Erreichen des Projektergebnisses ist die zentrale Aufgabe des Projekts erledigt. Trotzdem bleibt noch eine Reihe an Aufgaben um das Projekt ordnungsgemäß abzuschließen. Diese gilt es umfassend und systematisch zu erledigen.

(siehe: Buch 2015, Seite 120f)

5.2. Aufgaben für den Projektabschluss

Aufgaben in der Phase

Welche Aufgaben sind in der Projektabschlussphase zu erledigen?

Antwort

- Abnahme bzw. Übergabe an den Auftraggeber.
- Das Projektteam muss aufgelöst werden und für den Projektleiter und die Mitglieder müssen neue Aufgaben gefunden werden. Entweder übernehmen Sie ein anderes Projekt oder sie werden wieder in die Linie re-integriert.
- Bei externen Projekten sind oftmals noch die vertraglichen Abmachungen zu klären (z.B. Restzahlungen). Eventuell ergeben sich gegenüber dem Kunden noch Folgeverpflichtungen, die zu klären sind.
- Die Projektabrechnung muss abgeschlossen werden (Controlling im Nachhinein). Nachkalkulation.
- Eventuell ist noch der Abschlussbericht zu erstellen.
- Die Projektdokumentation ist zu archivieren.
- Die gemachten Erfahrungen sind auszuwerten, um sie für zukünftige Projekte verwerten zu können (lessons learned). In jedem Projekt machen die Teammitglieder Erfahrungen, die für zukünftige Projekte von Bedeutung sein können. Ermitteln, was ist gut gelaufen, was weniger gut, welche Fehler wurden gemacht, was wir gelernt haben, was wir nächstes Mal anders machen. Dabei ist Gelegenheit, even-

tuell noch offene Dinge zu klären und das Projekt offiziell zu beenden.
- Eine Feier zum Ausklang.

(siehe: Buch 2015, Seite 124)

Projektabnahme

Bitte skizzieren Sie, was im Einzelnen bei der Abnahme zu tun ist.

Antwort

Beim Kundenprojekt wird der Kunde prüfen wollen, ob das Projektergebnis die vereinbarten Eigenschaften erfüllt. Häufig wird dazu ein Abnahmeprotokoll erstellt. Bei Mängeln sind Nachbesserungen zu vereinbaren. In dem Zusammenhang sind eventuelle Restzahlungen zu klären. Bei unternehmensinternen Projekten bestehen in der Regel entsprechende organisatorische Vorgaben.

(siehe: Buch 2015, Seite 124f)

5.3. Projektabschlusssitzung

Warum eine Abschlusssitzung?
Was sollten Inhalte der Projektabschlusssitzung sein?

Antwort

Es empfiehlt sich, das Projektende durch eine Projektabschlusssitzung zu beenden. Der Projektverlauf sollte im Rückblick reflektiert werden. Inwieweit wurde das Projektziel erreicht? Wie war die Zusammenarbeit? Was hätte besser laufen können? Worin lagen unsere Stärken, wo unsere Schwächen? Dabei sollte auch die Frage besprochen werden, welche kritischen Erfahrungen gemacht wurden und worauf zukünftige Teams bei ähnlichen Aufgaben achten sollten.

(siehe: Buch 2015, Seite 128)

5.4. Abschlussfeier

Warum eine Abschlussfeier?
Welchen Zweck hat eine Abschlussfeier?

Antwort

Die Abschlussfeier ist ein soziales Ereignis, das dazu dient, den Projekterfolg offiziell zu feiern. Eingeladen werden sollten alle Personen, die am Projekt beteiligt waren.

(siehe: Buch 2015, Seite 130)

Über den Autor: Dr. Helmut Zell ist Dipl.-Ing. und Volkswirt und hat Projekte im Ingenieur- sowie im Managementbereich im In- und Ausland geleitet. Das vorliegende Übungsbuch ergänzt das Lehrbuch „Projektmanagement – lernen, lehren und für die Praxis", 2015. Es beruht einerseits auf diesen Praxiserfahrungen, andererseits auf seinen Erfahrungen als Hochschul-Dozent und Trainer im Fach Projektmanagement.